# LA ORACIÓN DE UNA VIUDA

> ENCONTRAR
> LA GRACIA DE DIOS
> EN LOS DÍAS VENIDEROS

## NELL E. NOONAN

UPPER ROOM BOOKS®
NASHVILLE

La oración de una viuda: Encontrar la gracia de Dios en los días venideros. Copyright © 2021 Nell E. Noonan.
Todos los derechos reservados.

Traducido por Magda Velander
Editado por Paula Companioni

Ninguna parte de este libro puede ser reproducida de ninguna manera sin permiso, excepto para citas breves en artículos críticos o reseñas. Para más información, escriba a Upper Room Books®, 1908 Grand Avenue, Nashville, TN 37212.

Sitio web de Upper Room Books®: upperroombooks.com

Upper Room®, Upper Room Books® y los logos de los diseños son marcas comerciales propiedad de The Upper Room®, Nashville, Tennessee. Todos los derechos reservados.

A menos que se indique lo contrario, las citas bíblicas son tomadas de la Biblia, (DHH) *Dios habla hoy* ®, © *Sociedades Bíblicas Unidas*, 1966, 1970, 1979, 1983, 1996. Utilizada con permiso. Todos los derechos reservados.

Las citas bíblicas marcadas con NVI son tomadas de la Santa Biblia, *Nueva versión internacional*® NVI® © 1999, 2015 por *Biblica*, Inc.®, Inc.® Usado con permiso de Biblica, Inc.® Reservados todos los derechos en todo el mundo. Utilizada con permiso. Todos los derechos reservados en todo el mundo.

Las citas bíblicas marcadas con (RVR 1977) son tomadas de La Santa Biblia, *Reina Valera Revisada*® RVR® derechos de autor © 2017 por HarperCollins Christian Publishing® Usada con permiso. Reservados todos los derechos en todo el mundo.

Las citas bíblicas marcadas como RVC son tomadas de la santa Biblia *Reina Valera Contemporánea* (RVC) Copyright © 2009, 2011 de Sociedades Bíblicas Unidas

Las citas bíblicas marcadas con (RVR 1960) son tomadas de la Santa Biblia *Reina Valera* 1960 Versión Reina-Valera 1960 © Sociedades Bíblicas en América Latina, 1960. Renovado © Sociedades Bíblicas Unidas, 1988.

Las citas marcadas como UMH son tomadas de *United Methodist Hymanl* (Himnario Metodista Unido) derechos de autor © 1989 de la Casa de publicaciones Metodista Unida. Usado con permiso. (Mil voces para celebrar es el Himnario Metodista Unido en su versión en español).

Las citas bíblicas marcadas con PA son paráfrasis del autor.

La oración de una viuda: Encontrar la gracia de Dios en los días venideros.
Nell E.Noonan.

Print: 978-0-8358-1989-3
Epub: 978-0-8358-1990-9

*Con una gratitud más allá de las palabras,
dedico este libro a
tres mujeres hermosas, honorables y perseverantes:
Mi madre, Nell,
Mi hija, Elizabeth,
Mi hermana, Mary.*

*Y a mi generoso mentor espiritual:
el Reverendo Sam B. Hulsey*

# ÍNDICE

| | |
|---|---:|
| *Prólogo* | 9 |
| *Agradecimientos* | 11 |
| *Introducción* | 13 |

## Duelo, Lamento Y Consolación

| | |
|---|---:|
| Las últimas palabras | 19 |
| Confusión por el tornado | 22 |
| Escucho el llamado de Bob | 25 |
| En su memoria | 27 |
| Un pacto de paz | 30 |
| Mopey Molly | 32 |
| Pozos de dolor | 34 |
| Temores, pulgas y amistades | 36 |
| Día del padre | 38 |
| Tiempos intermedios | 40 |
| En el momento | 42 |
| Bendición de la flor azul | 44 |
| Fuera de control | 47 |
| Todavía no estoy lista | 50 |
| Plenitud de gozo | 52 |

## Quebrantada Y Bendecida

| | |
|---|---:|
| Primer aniversario | 57 |
| Alimento reconfortante | 59 |
| Lágrimas recogidas | 62 |

| | |
|---|---|
| Valores poderosos | 65 |
| Seguir adelante | 67 |
| Recorrido en barco con sobresaltos | 69 |
| Esperar, esperar | 71 |
| En el desierto | 73 |
| Hasta la luna | 75 |
| Sin culpa | 78 |
| Etty | 80 |
| Problemas con el Departamento de Vehículos motorizados | 83 |
| Día de San Valentín | 86 |
| ¿Ya hemos llegado? | 88 |
| Deshielo en primavera | 91 |

## Sanación Y Esperanza

| | |
|---|---|
| Profesora # 1 | 95 |
| Frío depresivo | 98 |
| Mantén tu mano en el arado | 101 |
| Luke | 104 |
| El árbol de cerezo | 106 |
| El búho | 108 |
| Una nuez dura | 110 |
| Los anillos | 113 |
| Tomates y Colibríes | 116 |
| Zapatillas de plata | 118 |
| Cuidado del automóvil | 121 |
| La enfermedad de Lyme | 123 |
| Bendito sea el lazo que nos une | 125 |
| Una ofrenda fragante | 128 |
| Creado de forma única | 130 |

## Luto En La Mañana

| | |
|---|---|
| Cenar a solas | 135 |

| | |
|---|---|
| Una media roja | 137 |
| En la mesa | 140 |
| En su honor | 143 |
| En la montaña | 145 |
| Dales tus calcetines | 147 |
| Los pollos | 150 |
| Amigos | 153 |
| Come este pan | 155 |
| Conexión de 25 centavos | 158 |
| El mejor amigo | 160 |
| Recuperación | 162 |
| Palabras poderosas | 165 |
| Herida abierta | 167 |
| En la carretera | 169 |
| Acerca de la autora | 171 |

# PRÓLOGO

Agradecemos a Nell Noonan por su libro anterior que ha ayudado a muchas personas, y ahora con este libro no «desperdicia el dolor» de la muerte de su amado Bob, sino que comparte sus experiencias con honestidad, vulnerabilidad y amor. Su calidez y humor son un regalo para aquellas personas que a menudo se sienten solas, confundidas y tristes. En este libro se dirige especialmente a las mujeres viudas.

Buscamos la meta de la transformación: ser más sanos/as de cuerpo, mente y alma; buscar la renovación siguiendo al Señor crucificado y resucitado en la ruta eterna de los nuevos comienzos; y ser más serviciales. Nell, en este proceso, es capaz de ayudar a muchas personas.

El lema bíblico personal de Nell podría ser el Salmo 84:5: «¡Cuán felices son los que hallan fuerzas en ti, los que ponen su corazón en tus caminos!» (RVC). Tenemos que caminar, normalmente de forma lenta, a través del valle desolado. Nell nos recuerda que este recorrido lleva tiempo y debe hacerse a nuestra manera. Pero al final, encontraremos un lugar de manantiales. Gracias a Dios por su trabajo.

—El Reverendo Sam B. Hulsey

# AGRADECIMIENTOS

Escribí este libro a partir de mi experiencia de las últimas semanas de vida de mi esposo Bob y los 26 meses que siguieron. Estoy profundamente agradecida con quienes me ayudaron durante ese tiempo de transición. Doy las gracias a Christian Care Hospice, al personal y a los residentes de Lakewood Village en Fort Worth, Texas, y al personal y a las familias de la Iglesia Metodista Unida de Saint Barnabas en Arlington, Texas, y a la congregación de Duke Chapel en Durham, Carolina del Norte.

Mi familia y mis amigos me brindaron mucho amor y un apoyo increíble. Mi madre, mis hijos y nietos fueron una gran fuente de fuerza, consuelo y alegría. Estoy especialmente agradecida con mi hija Elizabeth, su esposo Mike Schoenfeld y mi hermana Mary.

Agradezco a estos amigos especiales: Emily y Mike Williams, Nancy y Dick Meyer, Frances Hennigan, Una Ronné y Beverly Dowdy. Tengo una inmensa deuda de gratitud con el Reverendo Sam B. Hulsey por su dirección espiritual, estímulo y apoyo durante muchos años, así como por su participación directa en mis proyectos de escritora, incluido este. El Reverendo también me puso en contacto con el Reverendo Stuart Hoke, cuya dirección espiritual ha sido muy útil y significativa tras mi mudanza a Carolina del Norte.

Agradezco especialmente a Anabel Stehli su crítica editorial y sus sugerencias perspicaces. Me desafió a buscar la excelencia en mis palabras escritas, al tiempo que me dio ánimo y apoyo durante cada paso de este proyecto.

Por último, pero no por ello menos importante, doy las gracias a Jeannie Crawford-Lee y a su equipo de Upper Room Books por creer en este proyecto y por hacerlo llegar a los lectores.

Y a Dios sea la gloria. Amén.

# INTRODUCCIÓN

*«El amor del Señor no tiene fin,
ni se han agotado sus bondades.
Cada mañana se renuevan;
¡qué grande es su fidelidad!»*
LAMENTACIONES 3:22 -23

Durante las oraciones matutinas en el primer aniversario de la muerte de mi esposo Bob, experimenté una aceleración de mi espíritu que me decía que escribiera sobre mi peregrinaje en el dolor, no solo en mis diarios sino también en una colección de meditaciones dedicadas a otras mujeres viudas. Considero a estas mujeres como mi familia, mis hermanas. Somos millones de personas, todas con un duelo diferente tras una pérdida intensa. Mi pena es única. Mis escritos no pretenden decirle qué o cómo o cuándo hacer algo. Las meditaciones sólo pretenden tomarle de la mano y sentir su dolor con la esperanza de que sea capaz de avanzar lentamente, paso a paso, hacia una vida más completa, menos fracturada; hacia una vida nueva llena de paz.

Mi mayor deseo es animarle a que se ocupe de cuidarse a sí misma, reservando un tiempo cada día para orar, leer las Escrituras y permanecer en la presencia del Señor. Somos seres espirituales, y nuestra espiritualidad necesita alimentarse y ejercitarse del mismo modo que nuestros cuerpos y mentes. Orar y escribir son actos de profunda vulnerabilidad y apertura intencional. Si no tiene la práctica de llevar un diario, debería considerar hacerlo. Las personas que escribimos y oramos de esta manera hemos descubierto que cuando escribimos con regularidad y honestidad, avanzamos mucho más de lo que imaginábamos. Nos encontramos con el Misterio Sagrado, nos encontramos con Dios, y nos encontramos con el Amor que no nos dejará ir.

Este peregrinaje en el dolor ha estado repleto de quebrantos y bendiciones. Mi consejero espiritual me pregunta a menudo: «¿Qué está enseñando Dios a su corazón hoy?» Dios está enseñando a mi corazón que Dios es más misterioso y flexible que nunca, y sin embargo la paradoja es que Dios es más real y esta más cercano que nunca. Otra lección primordial que estoy aprendiendo es la gratitud. La pérdida no desaparecerá del todo. Sin embargo, a medida que pasa el tiempo, ese vacío disminuye y me concentro en los dones de amor y amistad que nunca mueren. Ahora pienso en mi querido irlandés y recuerdo la alegría de vivir con él. Cuento las bendiciones por lo que tuve y lo que tengo, no por lo que he perdido. El amor deja recuerdos que no se pueden robar.

Otra lección, que me ha sido impuesta, ha sido la paciencia con las preguntas y los problemas no resueltos. La espera es incómoda para la mayoría de las personas, pero forzar las resoluciones no funciona. El proceso de sanación lleva tiempo y algunas preguntas están abiertas, sin respuesta. Vivir el momento y experimentar cada día plenamente nos invita a salir de la oscuridad y preocupación a un lugar de luz, satisfacción, paz y deseo de compartir nuestro «pan» con las demás personas. El modo en que ocurre es asombroso, pero Dios sorprende a quienes lo buscan todo el tiempo: «De su abundancia todos hemos recibido un don en vez de otro» (Juan 1:16).

Las meditaciones se dividen en cuatro fases de mi peregrinaje a través del duelo: los primeros seis meses de profundo dolor, luego varios meses en los que el dolor comenzó a suavizarse. Después del primer año, empecé a reflexionar sobre mi identidad: ¿quién soy y cuál es mi propósito en la vida? El cuarto y último grupo de meditaciones expresa las experiencias de alegría y aceptación de mi vida cambiada, que se caracteriza por un mayor deseo de servir. No reformaría el dolor que me ha convertido en una mejor persona. El terreno que encontré ha profundizado y ampliado mi compasión por mí misma y por las demás personas. Gracias a Dios.

> *«Llénanos de tu amor al comenzar el día,*
> *y alegres cantaremos toda nuestra vida…*
> *Que la bondad del Señor, nuestro Dios,*
> *esté sobre nosotros.*
> *¡Afirma, Señor, nuestro trabajo!»*
> SALMO 90:14-17

# DUELO, LAMENTO Y CONSOLACIÓN

*«Entonces ustedes me invocarán,
y vendrán a mí en oración
y yo los escucharé».*
JEREMÍAS 29:12

# LAS ÚLTIMAS PALABRAS

## Leer Romanos 8:35, 37-39

*«Pues estoy convencido de que ni la muerte ni la vida, ...*
*podrá apartarnos del amor que Dios nos ha manifestado*
*en Cristo Jesús nuestro Señor».*
Romanos 8:38-39, NVI

Estas son anotaciones escritas en el diario durante los últimos días de vida de mi esposo:

*Martes, 17 de abril* - Bob se siente agotado: Ayer vi al médico de Bob y el Hospicio Cristiano de Cuidados (Christian Care Hospice) se ha quedado aquí en casa. Señor, estoy deprimida y muy cansada.

*Jueves, 19 de abril* - Mi Dios: todo está sucediendo muy rápido. Una niñera está con él ahora para que yo pueda comprar y hacer recados. Mi hija Elizabeth viene el sábado y la nuera Alice el martes. La trabajadora social, el capellán del hospicio y nuestro pastor vinieron ayer. Mantén a mi Bob en paz, querido Señor, y ayúdale a disfrutar de su regreso a casa. No creo que se quede con nosotros más que unos pocos días más.

*Lunes, 23 de abril* - A Bob le encantó hablar y reír con Elizabeth el sábado (es una alegría que ella halla conseguido un poco de tiempo con el padrastro que adora). Anoche ya estaba perdiendo la capacidad de comunicarse... se cayó muchas veces durante el fin de semana. A veces no podía levantarlo y tenía que llamar al servicio de emergencias para ponerlo de nuevo en su cama o en su silla. Esta muy inquieto... el cuerpo se le apaga. La segunda vez que vino el personal de emergencias, uno de ellos dijo: «Señora, la he observado desde hace más de un año. Esto la está matando. Es hora de que se vaya a algún sitio; ya no puede hacerlo sola». Sabía que tenía razón; ya no podía soportar la situación físicamente. Hice los arreglos necesarios y la gente de transporte médico vino y trasladó a Bob a una habitación de cuidados paliativos en el ala de enfermería especializada de nuestro centro de retiro. Aunque estaba agradecida por la ayuda que necesitaba, oh, Señor, fue desgarrador verle dejar nuestra casa por última vez.

*Martes, 24 de abril* - Muchos visitantes: amistades y familiares que vienen a despedirse. Este hombre es profundamente amado y admirado.

*Miércoles, 25 de abril*- Fui bendecida de una manera preciosa: Bob no ha hablado en tres días. Hace tiempo que dejó de comer y beber. Tiene la boca muy seca y ninguna limpieza húmeda parece ayudar. En un momento dado, me quedé junto a su cama besando su cara, sus brazos y sus manos. Le dije: «Te quiero, señor Noonan. Usted es el amor de mi vida». Se le dibujó una sonrisa suave y dulce en la cara y dijo: «El amor de mi vida». Palabras que atesoraré para siempre.

*Jueves, 26 de abril* - Muchas personas nos visitan: muchas lágrimas, muchas risas, muchos recuerdos. En medio de la noche, dos ayudantes vinieron a atender a Bob como venían haciendo con frecuencia. Se podía ver por su lenguaje corporal que no estaba contento cuando lo molestaban. Esta vez la ayudante Margaret dijo: «Sr. Bob, tenemos que atenderle ahora». Él respondió claramente: «No, no, no, no, no». Las mujeres terminaron su tarea y Margaret preguntó: «Sr. Bob, ¿está enfadado conmigo?». De nuevo habló, claro como una campana: «Sí». «Bueno, ¿cuánto tiempo va a estar enfadado conmigo?» Respondió: «Dos horas». Margaret dijo: «Entonces me voy de aquí». Dos horas más tarde volvió y preguntó: «Sr. Bob, ¿todavía está enfadado conmigo?» Él dijo claramente: «No». Nos reímos con el sagrado alivio desde el dolor, el sufrimiento y el sacrificio diario al recibir los regalos del perdón y el humor de Bob (poco sabíamos que esas palabras serían las últimas).

*Sábado, 28 de abril* - Nuestro querido irlandés murió ayer a las 8:05 de la mañana.

**ORACIÓN:** *Te agradezco, Señor Dios, por el amor de mi vida. Que encuentre la felicidad perfecta en tu gloria eterna. Amén.*

**PENSAMIENTO DEL DÍA:** Nada, ni siquiera la muerte, puede separarnos del amor de Dios.

# CONFUSIÓN POR EL TORNADO

## Leer el Salmo 130

*«A ti, Señor, elevo mi clamor
desde las profundidades del abismo.
Escucha, Señor, mi voz.
Estén atentos tus oídos a mi voz suplicante».*

Salmo 130: 1 – 2, NVI

El martes 3 de abril de 2012, durante la Semana Santa, mi iglesia natal, la Metodista Unida de San Bernabé, en Arlington (Texas), fue golpeada por un tornado muy fuerte. El personal se apresuró a salir del edificio de oficinas al edificio de al lado para reunir a más de 70 niños de preescolar. Los colocaron en una sala interior, los cubrieron con túnicas del coro y comenzaron a cantar y a contar historias sobre Jesús. En cuestión de minutos, volaron los tejados de los edificios, se rompieron las ventanas, se produjeron numerosos daños por la lluvia y el agua, y un árbol enorme arrancado de raíz fue arrojado junto a la pared del santuario. Pero cuando los vientos amainaron, milagrosamente ninguna persona resultó herida. El barrio que rodea a la iglesia sufrió daños terribles, al igual que otras zonas de Dallas-Fort Worth (este de Dallas) afectadas por los tornados ese día. Bob y yo, junto con las otras personas residentes de nuestra comunidad de jubilados, fuimos evacuados de forma segura al sótano. El día fue largo, perturbador mental y espiritualmente y difícil de comprender. Sin embargo, recibimos muchas llamadas telefónicas para saber cómo estábamos, y todas las personas de nuestra comunidad nos sentimos queridas.

Los servicios del Viernes Santo se celebraron en una iglesia del barrio, pero yo no asistí. Bob estaba más débil, más confuso y necesitaba más ayuda para todo. Su mejor amigo, Richard, vino y se sentó con él el sábado por la tarde mientras yo iba al museo con un amigo. Llamó más tarde para decir que había visto un gran cambio y que Bob estaba en declive. Incluso tuve que darle la cena a Bob esa noche. Imaginen mi sorpresa cuando se levantó el domingo por la mañana y quiso ir a los servicios de Pascua que se celebraban en el auditorio de un instituto del barrio. Incluso me indicó que sacara la camisa morada que había llevado a la boda de su nieta Ellen.

Los edificios de nuestra iglesia estaban devastados, pero la familia de la iglesia estaba viva y floreciente. El auditorio se llenó de gente —sólo de pie—, de música celestial y de adoración alegre. La afluencia de donativos de fuentes cercanas y lejanas era asombrosa. La iglesia celebraba tradicionalmente una gran búsqueda de huevos de Pascua para el vecindario, y cuando se corrió la voz de que todos esos huevos de plástico, caramelos y cestas se habían perdido, otras iglesias ofrecieron miles de huevos llenos de caramelos y cientos de cestas vacías para una búsqueda enorme de huevos de Pascua en el campo de fútbol. Bob sonreía, pero podía percibir lo cansado que estaba. Había empezado a cuestionar mi capacidad para seguir adelante, así que me decía a mí misma que no temiera, que no se preocupara, que caminara en la victoria y el amor, y que viviera cada día con el espíritu de la Resurrección.

Bob nunca volvió a la iglesia, murió el 27 de abril. La confusión del tornado me dejó sin iglesia para su servicio de celebración de la vida. Tardé días en fijar la hora y el lugar, lo que retrasó la redacción de la esquela porque tenía que incluir esa información. Finalmente, todo estaba listo para el Memorial Day (el Día de los Caídos en Combate), después de un mes largo y difícil. El Señor resucitado, el personal de la iglesia, la familia y los amigos, y la amabilidad de la congregación de una iglesia a una milla de distancia me ayudaron a caminar en la victoria de la Pascua.

**ORACIÓN:** *Cristo resucitado, hoy estás en el mundo. A mi alrededor veo manifestaciones de tu cuidado amoroso. Oyes mis gritos, satisfaces todas mis necesidades y consuelas mi corazón roto. Cantaré aleluyas eternas a ti, mi Rey Redentor. Amén.*

**PENSAMIENTO DEL DÍA:** Caminamos en victoria y amor con Cristo resucitado.

# ESCUCHO EL LLAMADO DE BOB

## Leer 1º de Samuel 3: 1 – 10

*«Después llegó el Señor, se detuvo y lo llamó igual que antes:*
*—¡Samuel! ¡Samuel*
*—Habla, que tu siervo escucha —contestó Samuel».*

1º de Samuel 3:10

Anoche volvió a ocurrir. A eso de las 2:00 de la mañana escuché que me llamaban: «Nell, Nell, Nell». Salté de la cama y corrí por el pasillo hasta la oficina de Bob. La voz era la de mi marido cuando necesitaba ayuda. *¿Se había caído otra vez? ¿Tenía un ataque de pánico?* Me detuve en la puerta y miré. No estaba allí, ni en el suelo ni en su gran silla de escritorio. Mi corazón latía con fuerza. Oí claramente que me llamaba. Y entonces recordé que había muerto tres semanas antes.

Supongo que esto es parte del proceso normal del duelo, pero he tenido problemas para volver a dormir cada vez que ocurre. De vuelta a la cama, las lágrimas volvieron a brotar al pensar en que nunca más oiría la verdadera voz de mi marido. Atrás quedaron aquellas maravillosas oraciones del desayuno cuando decía: «Buenos días, Padre Dios, Hermano Jesús y Espíritu Santo; os adoramos y os alabamos». Echo de menos que me dé las gracias durante todo el día cuando traía la comida y ayudaba de cualquier manera. Extraño su voz profunda de bajista cantando himnos y canciones pop viejas de su inmenso repertorio de letras de canciones. La realidad cruda y terrible es que nuestras conversaciones han terminado.

Escuchar la voz de Bob en medio de la noche me trajo a la mente la historia de Samuel, que vivió durante el siglo XI a.C. Antes de su nacimiento, su madre Ana lo había consagrado al servicio de Dios, por lo que siendo aún joven fue a vivir al tabernáculo de Silo con el sumo sacerdote Elí. Una noche, Samuel, siendo todavía un niño, estaba durmiendo cuando oyó que le llamaban por su nombre, se levantó y fue a Elí y le dijo: «Aquí me tiene usted; ¿para qué me quería?» (1 Samuel 3:5). Elí le dijo a Samuel que no lo había llamado y que volviera a la cama. Este escenario se repitió varias veces hasta que Elí se dio cuenta de que era el Señor quien llamaba, y le dijo a Samuel cómo debía responder. Así que cuando el Señor se acercó y volvió a llamar al joven por su nombre, Samuel le dijo: «Habla, que tu siervo escucha».

La historia de la llamada del Señor a Samuel en medio de la noche me recuerda que Dios quiere que cultive un oído atento para escuchar la voz de Dios. El tiempo que dedique al estudio de las Escrituras, a la meditación y a la oración cada día abrirá mi corazón para escuchar las palabras de consuelo, fortaleza, sabiduría y sanación de Dios. No importa cuánto dolor, desilusión y duelo sienta en un momento determinado, Dios me invita a escuchar, incluso en los momentos en que no hay voz. El profeta Elías buscó al Señor y encontró a Dios no en un terremoto, ni en el viento, ni en el fuego, sino en un «un silbo apacible y delicado» (1ª a los Reyes 19:12, RVR, 1960) o en «un sonido suave y delicado» (DHH). La voz de Bob en medio de la noche fue un recordatorio para sentarme en silencio cada día y escuchar.

**ORACIÓN:** *Padre Dios, Hermano Jesús, Espíritu Santo, creo que me hablas continuamente a través de las Escrituras, de tus siervos, de la creación y de las experiencias de la vida que incluyen el dolor. Que escuche tu voz tanto en el silencio como en los sonidos de la vida. Habla, porque tu sierva te escucha. Amén.*

**PENSAMIENTO DEL DÍA:** Dios habla en el silencio; debemos tomarnos el tiempo de escuchar.

# EN SU MEMORIA

### Leer Job 19: 25 -27

*«Yo sé que mi Redentor vive,*
*y que al final se levantará del polvo.*
*También sé que he de contemplar a Dios,*
*aun cuando el sepulcro destruya mi cuerpo.*
*Yo mismo seré quien lo vea,*
*y lo veré con mis propios ojos,*
*aun cuando por dentro ya estoy desfalleciendo».*

Job 19: 25 -27, RVC

La cita bíblica anterior proviene de la sección inicial del servicio del funeral que utilicé para mi despedida personal cuando llevé las cenizas de Bob al campo de bluebonnet* en Willow City Loop, cerca de Fredericksburg, Texas, el 9 de agosto de 2012.

En el corazón del libro de Job, este ofrece su afirmación clara de confianza: «Sé que mi Redentor vive». Job piensa que Dios ha traído todos esos desastres sobre él, pero aún así espera ver a Dios. A pesar de su situación miserable, Job dice: «Sé que he de contemplar a Dios». Confía en que la justicia de Dios triunfará, aunque sea necesario un milagro como la resurrección para lograrlo. Esta creencia es tan fuerte que Job se convierte en uno de los primeros en hablar de la resurrección del cuerpo.

Al igual que Job, incluso cuando se enfrentaba a la decadencia y la muerte, Bob creía firmemente que Dios estaría de su lado y que contemplaría a Dios «cara a cara». Se diferenciaba de Job en un aspecto importante: Bob nunca, jamás, en todos esos años de dolor y sufrimiento crónicos, culpó a Dios ni siquiera un segundo de su miseria y desgracias. Su fe era notable e inspiradora. Por eso no es

---

*Bluebonnet*, o flor azul, es el nombre de una flor silvestre considerada la flor estatal de Texas.

de extrañar que el personal y los miembros de la Iglesia Metodista Unida de San Bernabé nos ayudaran a mí y a la familia de Bob en un servicio especial para celebrar la vida de nuestro querido irlandés.

Debido a la complicación de encontrar una iglesia, ya que la nuestra fue destruida por un tornado, el servicio tuvo lugar un mes después de la muerte de Bob. No obstante, fue duro. Todo el día fue un poco confuso, pero recuerdo que me ahogué en las lágrimas y simplemente seguí adelante. Se leyeron las escrituras y oramos. El reverendo Dr. Luther Henry, a quien Bob llamaba «mi hermano», pronunció una homilía emotiva. Bob utilizaba este apelativo a menudo, y era gracioso porque el Dr. Henry es afroamericano. Disfrutaba especialmente identificándolo como su hermano en beneficio de las enfermeras o los médicos que restringían las visitas solo a los miembros de la familia.

Un músico ofreció un homenaje vocal y de piano maravilloso durante un vídeo sobre la vida de Bob, realizado por su nuera Alice a partir de una gran colección de fotografías. «When Irish Eyes Are Smiling» (Cuando los ojos irlandeses sonríen) fue la canción seleccionada para el preludio, pero por alguna razón el músico decidió tocarla en el órgano. Mis hijos empezaron a reírse mientras yo me disculpaba: «Lo siento, señor Noonan. Sé que odia la música de piano. No sabía que el músico iba a hacer eso».

Cuando entré en la sala donde se celebró la recepción, supe que todo estaba perdonado. La mesa estaba decorada con un centro de mesa verde y blanco, y había tréboles brillantes esparcidos entre las bandejas con los favoritos de Bob: mini pastelillos de crema y mini bombones de chocolate, además de otras delicias hechas por los miembros de nuestra clase de escuela dominical Sojourners. La decoración de ambiente irlandés se llevó a cabo con servilletas verdes y un tazón enorme de ponche verde. La gente nos acompañó durante la recepción por largo tiempo: hubo risas, llanto y recuerdos.

Bob dominaba el latín. En el servicio en su memoria y en mi agotamiento, todo lo que pensé cuando finalmente terminó fue «*Soli Deo gloria*» (gloria solo a Dios).

**ORACIÓN:** *Dios redentor, te pido por aquellas personas que amo pero que ya no veo. Concédeles la paz. Acoge con tu misericordia a quienes estamos en duelo, para que conozcamos el consuelo de tu amor. Amén.*

**PENSAMIENTO DEL DÍA:** Dios brinda el consuelo del amor a las personas que están en duelo.

# UN PACTO DE PAZ
## Leer Isaías 54: 8 -10

*«Aunque las montañas cambien de lugar*
*y los cerros se vengan abajo,*
*mi amor por ti no cambiará*
*ni se vendrá abajo mi alianza de paz».*

Isaías 54: 10

El viaje de 10 horas al sur de Mississippi desde Fort Worth transcurrió sin problemas, excepto por el triste hecho de que asistiría a la graduación de nuestro hijo en el instituto sin Bob. Me detuve a cenar con mi maravillosa madre en su residencia de ancianos antes de llegar a mi destino, en la casa del lago de mi hermano y su esposa.

Mikey el gato, un felino de 16 años, extremadamente delgado debido al hipotiroidismo, me despertó esa mañana temprano con sus maullidos fuertes y persistentes, parecidos a los gritos de los humanos. Hacía años que se había extraviado hasta la puerta trasera de Mike y se convirtió en su tocayo y desde entonces disfruta del cuidado protector de mi hermano. Los maullidos se hicieron más fuertes. Después de acariciarlo con firmeza y darle un plato de comida, se calmó y se sentó tranquilamente en la entrada, observando a los pájaros que visitaban los comederos. Me acomodé en una de las mecedoras con una taza de café humeante.

Había una niebla que se arremolinaba suavemente sobre el lago, para luego ascender lentamente y desaparecer a medida que los rayos del sol se hacían más brillantes en el nuevo día. Observé la transformación en los reflejos acuáticos de los árboles a medida que se hacían más altos y verdes con el sol naciente. El entorno era sereno y sentí la alegría de la naturaleza en lo más profundo de mi alma. Era un lugar reparador.

Mi hermano y su mujer estaban de viaje, y la soledad proporcionó un respiro reconfortante a los 22 días transcurridos desde la muerte de mi marido. El ajetreo de buscar una iglesia para su servicio fúnebre, diseñar el servicio, el boletín, la publicación de la necrológica en el periódico, el ir a la oficina de la Seguridad Social y ocuparme de otros detalles que exigían una atención inmediata, habían hecho mella en mi tranquilidad. La muerte de Bob parecía haber desencadenado una serie de movimientos tectónicos con la corteza terrestre moviéndose bajo mis pies y dejando una serie de réplicas. Sentada allí, en silencio, pude descansar y perderme en los dones de Dios del mundo natural.

La ruptura del ritmo de vida ha sido una experiencia común para el pueblo de Dios a lo largo de la historia. Así me sentía yo: el ritmo de mi vida se había roto. Encontré consuelo en los himnos sobre las promesas de restauración de Dios que se encuentran en el libro de Isaías. El profeta recuerda al pueblo exiliado en Babilonia que Dios hizo un pacto eterno con Noé para no volver a destruir la tierra con un diluvio. Las promesas de Dios son eternas y válidas. El pacto de paz, mencionado en la Escritura que he seleccionado para esta devoción, significa el compromiso duradero de Dios de estar presente con un *amor inquebrantable* permanentemente. Las montañas y las placas tectónicas pueden cambiar, pero Dios nunca nos abandonará. La presencia de Dios ofrece una armonía y una paz santa incluso en medio de las lágrimas.

**ORACIÓN:** *Dios compasivo, te agradezco la promesa de que siempre estarás conmigo. Incluso cuando mi mundo se tambalea, me sostienes con un amor firme y un refugio permanente. Amén.*

**PENSAMIENTO DEL DÍA:** El amor de Dios por nosotros es eterno.

# MOPEY MOLLY

## Leer el Salmo 102: 1 - 5, 25 – 26

*«Mi corazón decae y se marchita como la hierba;
¡hasta he perdido el apetito!».*
Salmo 102: 4, NVI

Se colocó en el extremo de la cama de su amo, con la cabeza gacha y los ojos tristes mirando la puerta de su dormitorio, esperando su regreso. Se me rompió el corazón al ver a la pequeña y bonita Sheltie que Bob había rescatado nueve años antes. A excepción de las caminatas, ella había sido la compañera constante de este hombre amable que la trataba como una princesa. ¿Entendía ella de alguna manera que lo habían trasladado de nuestro apartamento al ala de cuidados paliativos de la comunidad de jubilados donde residíamos? La vigilia de Molly continuó. Dejó de comer; su cuenco de agua siguió lleno.

Pasaron cuatro días y Bob murió. Como si fuera una señal, Molly se reubicó en su baño, un lugar al que nunca había ido antes. Era como una tumba: oscuro, sin ventanas, con un suelo frío de baldosas de piedra. De mala gana salió a pasear. Molly empezó a morderse la cola hasta que le apareció una gran úlcera en carne viva. Su abatimiento era profundo e implacable. Al pasar otra semana, me alarmé más y la llevé al veterinario. Una inyección de cortisona no alivió el comportamiento abatido de Molly, ni detuvo la masticación de su cola con su punto creciente y sin pelo.

Le conté a mi vecina y a varios residentes el profundo dolor de Molly. Kaye dijo que quería venir a ver a su amigo peludo, y engatusó a Molly para que se sentara con ella en el sofá con la cabeza de la perrita en su regazo. Mientras me retiraba a mi habitación para orar, oí la voz tranquilizadora de Kaye susurrar: «Bob se ha ido, pero todo va a salir bien, Molly». Aproximadamente una hora después de que Kaye se fuera, Molly salió del baño de Bob, fue a su cuenco de comida y se comió hasta el último bocado.

Una de las últimas preocupaciones de Bob era el bienestar de su perrita. Me hizo prometer que la cuidaría bien. Respiré un suspiro de alivio por que ya estaba comiendo y saliendo de su desesperación. Sin embargo, fue prematuro. Molly volvió al baño después de nuestro paseo vespertino y empezó a morderse la base de la cola. El desánimo había vuelto con fuerza. *Si pudiera calmar sus preocupaciones y ayudarla en su dolor*, pensé. Pero me sentía impotente e inmersa en mi propia tristeza, lo que no ayudaba a mi sensible compañera peluda.

Molly fue llevada a otro lugar para cuidarla mientras yo conducía fuera del estado, para asistir a las graduaciones de los nietos en la escuela secundaria. A mi regreso me encontré con una perrita más animada. Pero después de un día en el apartamento, Molly retomó su camino de dolor, aunque siguió comiendo. ¿Cuánto tiempo durará la lucha desbordante por la pérdida de nuestro querido irlandés? ¿Escucha Dios mis plegarias para que me alivie? ¿Hasta cuándo me dolerá tanto? Me gustaría tener algunas respuestas, pero la verdad es que no lo sé. Mientras tanto, Molly y yo debemos aferrarnos a la esperanza de que las palabras de Kaye sean una profecía inspirada: «Bob se ha ido, pero todo va a estar bien».

**ORACIÓN:** *Dios bondadoso y amoroso, gracias por traer amigos de la fe para acompañarme a través de las profundidades de la tristeza oscura y el dolor desconcertante. Concédeme fuerza para el viaje. Amén.*

**PENSAMIENTO DEL DÍA:** Las amistades de Dios nos dan valor y fuerza para vivir.

# POZOS DE DOLOR
## Leer el Salmo 23

*«Aunque pase por el más oscuro de los valles,*
*no temeré peligro alguno,*
*porque tú, Señor, estás conmigo;*
*tu vara y tu bastón me inspiran confianza».*

Salmo 23: 4

Los episodios de dolor siguen apareciendo inesperadamente. Uno de ellos se produjo anoche, mientras cenaba pimientos rellenos y mazorcas de maíz. Mi marido apreciaba los placeres sencillos de la comida fresca y mis esfuerzos caseros y disfrutaba especialmente de esta comida de verano. Untaba las mazorcas con cantidades generosas de mantequilla, sal y pimienta gruesa. Nos cogíamos de la mano mientras daba las gracias, y luego se ponía a masticar rápidamente y empezaba a saborear cada bocado chorreante. El recuerdo de un hombre sencillo disfrutando de una comida sencilla, me hizo derramar lágrimas de mantequilla anoche.

No estoy segura de cuál fue el detonante esta mañana, pero me tropecé con otro episodio de dolor mientras hacía mis meditaciones diarias. Extraño a mi dulce esposo y anhelo conversar con él, contarle lo que estoy haciendo y pensando, oír su voz profunda responder y decirme sus pensamientos y sentimientos. El intercambio de pequeños comentarios mundanos y los comentarios de la vida diaria han desaparecido. La pérdida; el silencio es irreversible y permanente. He oído a varios hombres y mujeres viudos comentar que la conversación con la persona amada es lo que más echan de menos.

En dos semanas me voy en busca de un nuevo hogar cerca de mi hija y mi hermana. El alquiler de un apartamento amplio en esta maravillosa comunidad de jubilados es costoso para una persona sola, y hace un mes tomé la decisión de mudarme. El tiempo ha parecido una eternidad de luto y espera. Debería estar seleccionando y organizando la mudanza. Y está el tema de la ropa de Bob. Algunos días me siento perdida echando de menos a mi amado. Supongo que es normal que ahora vaya a hacer algo y luego me encuentre con otro episodio de dolor. Recuerdo el apoyo de un consejero de duelo: «Sea amable consigo misma. Tenga paciencia y confíe en el proceso».

Millones de personas sumergidas en momentos de oscuridad, aterradores y solitarios han encontrado a lo largo de los siglos consuelo y aliento en las palabras del Salmo del Buen Pastor (un Salmo favorito que memoricé en tercer grado). «Porque tú, Señor, estás conmigo; tu vara y tu bastón me inspiran confianza». Estoy aprendiendo a «confiar en el proceso», pero mientras tanto, pienso comprar algunas de esas botas de lluvia llamativas y floridas para mi nuevo hogar en Carolina del Norte y para cuando me sorprenden los pequeños charcos de lágrimas de dolor.

**ORACIÓN:** *Señor, Dios de la vida y de la muerte, cuando recuerdo el fallecimiento de mi ser querido, siento una gran pérdida. Tú me recuerdas que el amor va más allá de la muerte. Por ese bendito consuelo te doy las gracias. Amén.*

**PENSAMIENTO DEL DÍA:** El amor llega más allá del umbral de la muerte.

# TEMORES, PULGAS Y AMISTADES

## Leer Isaías 41: 9 – 13

*«Yo soy el Señor, tu Dios,*
*que sostiene tu mano derecha;*
*yo soy quien te dice:*
*"No temas, yo te ayudaré"».*

Isaías 41: 13, NVI

Tres meses después de la muerte de Bob, recuerdo que me senté en el sillón de mi habitación y de repente rompí a llorar. Cuando las lágrimas se calmaron, me pregunté por los sentimientos que había detrás de esa oleada de dolor. Llevar un diario me ayudó a comprender que me sentía vulnerable, insegura y con miedo. Durante años, la gestión de nuestro hogar, las finanzas y las necesidades médicas habían recaído sobre mis hombros, pero de alguna manera había perdido la confianza en mis capacidades sin la presencia de Bob. Me sentía como un animal herido que quería esconderse, exactamente lo que había hecho nuestra perra Molly cuando buscó refugio en el baño de Bob.

Sabía que me enfrentaría a preguntas importantes y transiciones en el futuro: ¿A dónde me mudaría? ¿Cuándo? ¿Tendría suficientes fondos? ¿Cómo me las arreglaría si enfermara? ¿Y si tomaba decisiones equivocadas? ¿Cómo iba a ocuparme de los negocios si me sentía tan cansada y triste todo el tiempo? La oscuridad se hacía más oscura y los suspiros de mi corazón se hacían más profundos. Mi tiempo parecía muy vacío sin Bob. El espacio vacío tiende a crear miedo, y yo había permitido que el miedo llenara los rincones de mi vida. Me sumergí en mis miedos y escuché los quejidos de mis entrañas durante un par de horas.

Hace poco leí una historia que describía esos terribles sentimientos de vulnerabilidad y dolor. Flora Slosson Wuellner incluyó la historia en un artículo titulado «Feast and Fear» (Festival y miedo) en *Weavings: A Journal of the Christian Spiritual Life*\* (*Lazos: Un diario de la vida espiritual cristiana*). Una mujer había rescatado a un cachorro abandonado y asustado. Un perro joven cuyos maltratadores habían intentado ahogarlo. Había que limpiarle las heridas, pero cuando ella intentó sumergir al perro a una bañera con agua tibia, este luchó con todas sus fuerzas. Estaba aterrorizado y su cuerpo se puso rígido de miedo. A la mujer solo se le ocurrió una forma de ayudarlo. Se desnudó hasta la ropa interior y se metió en la bañera con todas las pulgas, la suciedad y la sangre. Lo acarició suavemente, le habló en voz baja y lo sostuvo hasta que empezó a relajarse y pudo limpiar las heridas. Entonces pudo comenzar la curación. Esta increíble historia le recordó a Wuellner (y ahora a mí) la Encarnación y el modo en que Dios trata con nuestra renuencia, nuestros miedos, nuestras heridas: Dios camina a nuestro lado.

No debemos temer porque Dios ha establecido una relación con todas las personas. Dios nos da la seguridad de la ayuda y la victoria sobre el pecado, la muerte, la vulnerabilidad, los miedos e incluso las pulgas. Dios es nuestro amigo, Jesús es nuestro amigo, el Espíritu es nuestro amigo.

**ORACIÓN:** *Dios encarnado, Hijo redentor, Espíritu reconfortante: gracias por salir a mi encuentro cuando estoy sumergida en la oscuridad del miedo y por tomar mi mano y llevarme a la luz. Amén.*

**PENSAMIENTO DEL DÍA:** No teman, Dios está siempre con ustedes.

---

\**Weavings* 27, no. 3 (mayo/junio/julio 2012): 7

# DÍA DEL PADRE

## Leer los Salmos 22 y 23

*«Aunque pase por valle de sombra de muerte,*
*No temeré mal alguno, porque tú estarás conmigo».*
Salmo 23: 4, RVR 1977

Planeé asistir a la sesión de escritores de Fort Worth esta mañana, pero cuando comencé mi tiempo devocional, tuve una gran crisis. Simplemente tuve que ceder. La ola de dolor, el torrente de lágrimas, el quebrantamiento de mi corazón se apoderaron de mí y me hicieron cambiar de planes.

Me siento perdida sin mi marido. Todas las noches veíamos las noticias locales y mundiales, y nunca nos perdíamos los partidos televisados del equipo de béisbol Texas Rangers. Anoche estuve sola, sin Bob. No hubo charlas ni comentarios, ni risas profundas cuando salté, aplaudí y bailé ante los jonrones y las jugadas grandes. Cuando Bob y yo veíamos los partidos juntos, le divertían mis payasadas y jugueteos, y me dedicaba una de esas sonrisas tan características. La vida se siente extraña sin él, y lo echo de menos.

A medida que se acerca el fin de semana del Día del Padre, siento mi dolor de forma más aguda. Incluso los domingos normales son difíciles, pero este, que llega siete semanas después de su muerte, es especialmente agridulce. Bob amaba a sus dos hijos y a sus tres hijastros y sentía cierta responsabilidad por ellos incluso durante sus crisis de salud. El miércoles envié tarjetas del Día del Padre a los tres hijos —como siempre habíamos hecho los dos— y sé que ellos también sintieron un tirón en sus corazones. Mis hijos recibieron un golpe extra porque este año perdieron a su padre biológico y a su querido padrastro.

Me siento mejor después de experimentar un llanto completo con secreción, nariz roja y llanto profundo. Este llanto me ayudó.

Volviendo a mis devociones, leo el Salmo 22, el Salmo de la Cruz, que contiene la cita de Jesús: «Dios mío, Dios mío, ¿por qué me has desamparado?» (v. 1, RVR 1977). Este salmo no tiene aguas tranquilas, ni pastos verdes, ni aceite reconfortante. El grito de Jesús desde la cruz abre la soledad oscura en el interior de nuestras vidas. Es después de ceder y aceptar la tristeza sombría de la muerte y el despojo de los huesos de nuestra existencia, que podemos apreciar plenamente el salmo que sigue al 22.

El Salmo 23, llamado Salmo del Buen Pastor, se desarrolla en praderas verdes junto a aguas tranquilas donde nada falta. Aquel que puede caminar con nosotros a través del valle oscuro de la muerte nos llevará con seguridad al otro lado. Fíjese en lo personal que se vuelve el Pastor en las profundidades de la oscuridad: «Jehová es mi pastor» (v. 1, RVR 1977). Hay 17 pronombres personales en este Salmo: *me* hará, *me* pastoreará, *me* infundirá, *me* guiará, *mi* cabeza, *mi* copa… y más.

La intimidad directa de este salmo trajo un consuelo instantáneo a mi duelo de hoy. El Pastor estaba a mi lado como un compañero que caminaba conmigo no solo en la tristeza, sino *a través* del valle oscuro y *más allá de* la mesa del banquete y la copa rebosante. La promesa se filtra en lo más recóndito de mi alma y trae esperanza. «La bondad y la misericordia me seguirán todos los días de mi vida, y en la casa de Jehová moraré por largos días» (Salmo 23:6, RVR 1977).

**ORACIÓN:** *Padre Dios, tú bendices a tus hijos/as con la esperanza de la restauración y el refugio seguro sin importar las circunstancias de sus vidas. ¡Qué regalo tan valioso para el Día del Padre! Estoy más que agradecida. Amén.*

**PENSAMIENTO DEL DÍA:** El Buen Pastor camina a nuestro lado por el valle oscuro.

# TIEMPOS INTERMEDIOS
## Leer Isaías 43: 1 -4

*«Si tienes que pasar por el agua, yo estaré contigo,*
*si tienes que cruzar ríos, no te ahogarás».*
Isaías 43: 2

Diez semanas después de la muerte de Bob, viajé a una casa de retiros en Houston, Texas, para pasar ocho días de silencio interrumpido únicamente por una hora de consejo y adoración diarios. El consejero de duelo me invitó a entrar en mi tristeza tan profundamente como pudiera. Lloré, sollocé y me sumergí en las aguas de mi dolor durante tres días. Luego me pidió que recordara las cosas por las que estaba agradecida en mi matrimonio y que escribiera en un diario mis agradecimientos por lo que mi marido y yo teníamos juntos.

Al quinto día, la pesadez se había disipado un poco y parecía estar emergiendo de las profundidades de la oscuridad interior. Después de un buen paseo y una cena deliciosa de pescado y espárragos frescos, me senté al aire libre en un columpio y observé a los pájaros que iban y venían del comedero. Un pavo real y su pareja buscaban insectos en la hierba alta. Las pequeñas interrupciones en las nubes ofrecían parches de azul en el cielo gris. Mi tranquilidad se rompió bruscamente cuando me fijé en una estatuilla en un rincón del jardín: un niño y una niña sentados entre las flores uno frente al otro. Una ola de dolor me golpeó. Mi pavo real, mi niño, mi compañero se ha ido. Lloré y después tuve problemas para dormir.

A la mañana siguiente me senté en una de las mecedoras, bebiendo una segunda taza de café y observando una única paloma de luto. De vuelta a mi habitación, escribí este poema:

**Tiempos intermedios**
Sentada en una vieja mecedora del pórtico;
acuna una taza de café caliente.

Observa a un intruso emplumado
en el camino de grava.

El arrullo persistente, ferviente y lastimero
de las palomas perfora el silencio del amanecer.
El compañero no responde;
Él, sus mimos, se han ido para siempre.

Los ojos de la viuda derraman lágrimas profundas
y silenciosas de soledad.
Suplicando la liberación
del corazón desgarrado.

Pacientemente, impaciente,
espera... a que la tristeza se suavice,
para que el Señor moldee el luto en la mañana,
para los susurros de la resurrección.
Ella espera...

**ORACIÓN:** *Señor de la compasión, el duelo es un trabajo tan duro, incómodo y necesario. Sé que no puedo forzar ni apurar el camino. Gracias por estar conmigo mientras simplemente permanezco entre el luto y la mañana. Amén.*

**PENSAMIENTO DEL DÍA:** Esperamos que el Señor convierta el luto en mañana.

# EN EL MOMENTO
## Leer el Salmo 42

*«¿Por qué voy a desanimarme?*
*¿Por qué voy a estar preocupado?*
*Mi esperanza he puesto en Dios,*
*a quien todavía seguiré alabando.*
*¡Él es mi Dios y Salvador!».*

Salmo 42: 11

¡Dios mío! ¡Aquí viene otra vez!

Me había engañado a mí misma pensando que estaba haciendo grandes progresos en mi sanación después de la muerte de mi marido, pero esta mañana las lágrimas fluyeron. Un recuerdo había surgido de repente mientras leía unas meditaciones de un capellán del hospital. Lo que recordaba vívidamente era a mi pequeña familia acurrucada en el pasillo, todos llorando, profundamente afligidos, mientras veíamos cómo la camilla con la bolsa para cadáveres de Bob era llevada desde la sala de cuidados paliativos hasta el ascensor. El dolor me atravesó el corazón hasta la médula. En ese momento, me sentí congelada por una pérdida intensa e insoportable.

Las lágrimas frescas de hoy me recuerdan que no hay atajos en el duelo. No podemos forzar el proceso. En este momento, mi alma está inquieta, abatida, como la del salmista. Entro en un momento de dolor y simplemente permanezco allí durante un tiempo, honrando el recuerdo de la muerte de mi esposo, el amor compartido y mi propio duelo. El dolor es lo que es.

El salmista no se limita a exponer los hechos de un alma en lucha y luto, sino que pasa a imaginar un futuro en el que Dios restaura la esperanza y la vida renovada. Todas las personas podemos ejercitar esa esperanza y esa alabanza. Iniciar una vida nueva, libre y feliz es una obra de arte. En este momento, soy muy consciente de que la transformación solo se produce a través de una lucha desgarradora. Sin embargo, nuestros momentos de dolor y lucha son solo eso: momentos. No duran. Vivimos en ellos, el cambio llega y seguimos adelante. El Dios de nuestro pasado y el Dios de nuestro futuro está aquí, dondequiera que el momento nos encuentre.

**ORACIÓN:** *Dios alentador y tranquilizador, dame valor y perseverancia para buscar tu voluntad y seguir donde tú me guíes, incluso cuando no sepa a dónde voy. Amén.*

**PENSAMIENTO DEL DÍA:** Cristo nos llama a una nueva vida y esperanza.

# BENDICIÓN DE LA FLOR AZUL
## Leer Isaías 35: 1 – 10

*«Se alegrarán el desierto y el sequedal; se regocijará
el desierto y florecerá como el azafrán.
Florecerá y se regocijará: ¡gritará de alegría!...
Los alcanzarán la alegría y el regocijo,
y se alejarán la tristeza y el gemido».*
Isaías 35: 1-2, 10, NVI

Llamaron a la puerta del Lillie Marlene Cottage, una casa de huéspedes encantadora en la que me alojaba en Fredericksburg, Texas. La propietaria, una mujer atractiva y de voz suave llamada Marlene Pylate, me dijo: «Sé que ha venido a llevar las cenizas de su marido al campo de flores azules, como él pidió. Me sentiría muy honrada si me permitiera acompañarla. No quiero entrometerme, pero conozco exactamente el lugar que describe, y este es un momento emotivo para usted».

A las ocho de la mañana del 9 de agosto de 2012, Marlene condujo con la caja negra que lleva las cenizas de Bob a Willow City Loop. La región de las colinas de Texas tiene una belleza única de colinas escarpadas y rocosas, árboles de palma y grupos de cactus espinosos. Un torrente de recuerdos surgió cuando recordé que Bob y yo habíamos viajado a esta tierra sagrada y a este espacio sagrado. Marlene encontró el lecho seco del arroyo —la brecha de agua para el ganado— el lugar que Bob había encontrado fascinante. Lo llamábamos «una línea delgada», un lugar donde el cielo y la tierra se encuentran, donde se levanta el velo para vislumbrar el corazón y el rostro de Dios.

Marlene y yo encontramos algo de sombra bajo una palmera grande a varios metros de la carretera. Leí el «Entierro de los Muertos,

Rito 2» de mi libro negro, el Libro de Oración Común que se está deshaciendo como mi corazón:

«Feliz a partir de ahora
son los que mueren en el Señor!
Así es, dice el Espíritu,
para que descansen de sus trabajos».

Siguieron las lecturas de las Escrituras de Isaías, el Apocalipsis de Juan y el Evangelio de Juan. «Da descanso, oh Cristo, a tu siervo Bob con tus santos, *donde ya no hay tristeza, ni dolor, ni suspiros, sino vida eterna*», recité. Esparcí las cenizas de Bob allí, en la orilla seca del arroyo, donde los arándanos florecerían profusamente en primavera, convirtiendo la tierra reseca en indescriptibles ríos de azul intenso. «Entregamos el cuerpo de Bob a la tierra; tierra a la tierra, cenizas a las cenizas, polvo al polvo. Que el Señor lo bendiga y lo guarde... y le dé paz. Amén».

Después de que Marlene y yo partiéramos y estuviéramos unos metros más abajo en el camino hacia el coche, vimos a tres jóvenes mapaches jugando en unas rocas. Cuando llegamos al coche y pusimos el contacto, dos ciervos se asustaron y salieron corriendo hacia la maleza. Marlene dijo: «Sabes lo de los animales, ¿no? Creo que están llenos del espíritu de Bob y te agradecen que lo hayas traído a este lugar sagrado y te dicen que aquí estará bien, que nunca sufrirá ni estará solo. Te enviaré una foto en abril». Estoy eternamente agradecida por su bendición.

Mi ritual de transición para Bob fue una experiencia llena de Dios donde el cielo «descendió». Mi corazón afligido ha sido masajeado por la humildad, la esperanza y la santidad.

**ORACIÓN:** *«Dios todopoderoso, Padre de las misericordias y dador de consuelo: Ten piedad, te rogamos, por todas las personas afligidas; para* *que, depositando en ti todas sus preocupaciones, conozcan el consuelo de tu amor; por Jesucristo nuestro Señor. Amén».* (BCP)*.

**PENSAMIENTO DEL DÍA:** Dios conforta y consuela con un amor eterno.

---

*Traducido de *Book of Common Prayer* (Libro común de oración).

# FUERA DE CONTROL
## Leer Jeremías 29: 11 – 13

*«Porque yo sé muy bien los planes que tengo para ustedes*
*—afirma el Señor—, planes de bienestar*
*y no de calamidad,*
*a fin de darles un futuro y una esperanza. Entonces ustedes*
*me invocarán, y vendrán a suplicarme, y yo los escucharé».*
Jeremías 29: 11 – 12, NVI

Hoy me estoy desmoronando; me siento fuera de control. Mi mente salta de un pensamiento a otro como una cama llena de monos, y soy yo la que se ha caído y se ha golpeado la cabeza. Quiero gritar: «Mamá, llama al médico», mientras dudo seriamente de que alguien pueda ayudarme. Un alma dolida no puede conformarse con soluciones rápidas.

Mi esposo murió hace cuatro meses, y hoy me duele más que entonces. Durante los más de siete años que estuve cuidando de él, viví un duelo lento, constante y anticipado. Su muerte me conmocionó, pero también fue un alivio que ya no sufriera tan horriblemente. Las experiencias de todas las personas son únicas para ellas, y algunos buenos amigos me han dicho que una pérdida repentina e inesperada es muy diferente a mi pérdida. Pero tenemos algo en común: el dolor, la pena y la desorientación. Nos caímos y nos golpeamos la cabeza.

Es un proceso poco elegante y confuso, este proceso llamado duelo. Hoy ya no me siento útil. He renunciado a mi necesidad de hacer cualquier actividad con propósito, de tener éxito en cualquier labor, de impresionar a nadie, incluyendo a Dios. Debo haber empacado mi valor y mi ética de trabajo en una maleta que se perdió en la recogida de equipajes del aeropuerto. ¿Es este vacío al que se refiere Jesús cuando habla de los «pobres de espíritu»? ¿Es esta pobreza de alma formada en mi lucha desgarradora, parte de una obra transformadora que me prepara para recibir a Dios y la voluntad de Dios durante el resto de mis días en la tierra? Vivo con muchas preguntas y sin respuestas. Supongo que simplemente tengo que dejar de lamentarme, ser paciente con la evolución de la tristeza y dejar que Dios resuelva mi futuro. Pero ahora mismo solo quiero dos aspirinas para mi cabeza golpeada.

Cuando me siento confundida, estresada o fuera de control, me voy a mi dormitorio y me siento en mi sillón acolchado. Esta mañana ni siquiera era consciente de que lo estaba haciendo, y no estoy segura de cuánto tiempo llevaba allí sentada. Por costumbre, cogí mi Biblia y mi manual de estudio de *Discipulado* y empecé a leer. La niebla cerebral comenzó a desaparecer mientras leía y releía la carta de Jeremías a los exiliados en Babilonia. Les dice que recen por sus captores y que sigan adelante con sus vidas. Les recuerda que la vida no puede detenerse durante los tiempos difíciles o las circunstancias angustiantes y penosas. Les da instrucciones claras en la carta (véase Jeremías 29:4-23) para que oren con diligencia y hagan todo lo que puedan en lugar de rendirse a causa del miedo, la incertidumbre, la tribulación y el dolor. Jeremías transmite el mensaje de que Dios no se ha olvidado de su pueblo. Los planes de Dios para su futuro son buenos y están llenos de esperanza. Esto no significa que se librarán del dolor, el sufrimiento o las dificultades, sino que Dios los llevará a una finalización gloriosa.

Esa carta era para mí. Mi futuro está en manos de Dios; Dios no me ha olvidado. Necesito ir a Dios en oración una y otra vez hasta que mis temores molestos y descontrolados pasen. En el tiempo de oración ocurre algo misterioso. Dios borra el miedo y trae la paz a mi espíritu atribulado. Pequeño mono, por favor, confía en Dios y, por el amor de Dios, deja de saltar en la cama.

**ORACIÓN:** *Dios misericordioso, perdóname cuando no confío en ti para guiar y garantizar mi futuro. Gracias por traer la paz a mi mente y a mi corazón atribulados. Amén.*

**PENSAMIENTO DEL DÍA:** Confiamos en los planes de Dios para el futuro.

# TODAVÍA NO ESTOY LISTA
## Leer Mateo 6: 9 – 13

*«Ustedes deben orar así:*
*"Padre nuestro que estas en el cielo,*
*santificado sea tu nombre.*
*Venga tu reino.*
*Hágase tu voluntad en la tierra,*
*así como se hace en el cielo"».*
Mateo 6: 9 – 10

Me senté junto a la cama de Edith y sostuve su mano frágil en la mía. Dije una oración personal y luego pasé a recitar la oración que Jesús enseñó a sus discípulos. La moribunda comenzó a pronunciar las palabras conmigo y con su familia. Es una oración muy arraigada en los cristianos. Personas de todas las edades y etapas de la fe se convierten en comunidad durante la recitación del Padre Nuestro. «Venga tu reino. Hágase tu voluntad». Juntos, por un momento, esperamos en el glorioso sueño de Dios, la poderosa visión de Dios para el mundo.

Apenas hay una página en de los Evangelios sinópticos (Mateo, Marcos, Lucas) sin una referencia al reino de Dios, al mandato de Dios o al reino del cielo. Marcos relata la primera aparición de Jesús después de sus 40 días en el desierto: «Después que metieron a Juan en la cárcel, Jesús fue a Galilea a anunciar las buenas noticias de parte de Dios. Decía: "Ya se cumplió el plazo señalado, y el reino de Dios está cerca. Vuélvanse a Dios y acepten con fe sus buenas noticias"» (1:14-15). A partir de ese momento, el reino es el tema central de la predicación y la vida de Jesús. Mantiene la creencia judía de que el objetivo de Dios es la plenitud y la finalización de la creación, pero va más allá. No solo predica el reino, sino que vincula su llegada a su propia persona y a su ministerio. Él es el instrumento auténtico y eficaz que Dios utiliza para llevar a cabo la realización del reino.

Hoy he reflexionado sobre ello muchas veces al pensar en Edith y en todas las personas que experimentan la muerte y la pérdida de un ser querido. Han pasado cinco meses desde la muerte de Bob y he vuelto a leer mis diarios. Están repletos de expresiones de luto, dolor, lágrimas, sentimientos a la deriva, conciencia de áreas de dolor que aún no están preparadas para el cambio o la sanación. El flujo de la oración, me muestra que el amor de Dios no me apresura con cargas para «superarlo y seguir adelante». Basta con afligirme un rato e imaginar a Cristo tocando suavemente el miedo y el dolor tan profundamente arraigados, para dejar de escuchar conscientemente los gritos de mis emociones y pensamientos ocultos. Todavía no estoy preparada para ir allí y enfrentarlos.

He logrado manejar bien mi vida exterior, pero en los recovecos secretos de mi ser me siento desordenada y triste. Anhelo que la sanación llegue a lo más profundo de mi ser. Tengo la esperanza de que el Señor resucitado me guíe fuera de las sombras, pero también siento la necesidad de permanecer dentro del capullo transformador durante un tiempo más. El tiempo necesario para salir del dolor profundo será diferente para cada persona. Dios comprende y estará a nuestro lado —el de Edith, el suyo, el mío y el de todas la personas— mientras atravesamos nuestro tiempo de aflicción.

**ORACIÓN:** *Dios amoroso de compasión y misericordia, te pido que me ayudes a ser paciente en el dolor, fiel en la oración y alegre en la esperanza. Te pido que me liberes de la preocupación por mi dolor* para *que pueda encontrar más oportunidades de participar en la construcción de tu reino. Amén.*

**PENSAMIENTO DEL DÍA:** La oración es una fuente de apoyo diario tanto en los momentos buenos como en los de oscuridad.

# PLENITUD DE GOZO
## Leer Juan 16: 19 – 24

*«Así también, ustedes se afligen ahora;
pero yo volveré a verlos, y entonces
su corazón se llenará de alegría, una alegría
que nadie les podrá quitar …
Pidan y recibirán, para que su alegría sea completa».*

Juan 16: 22, 24

Hacía semanas que no me reía de esa manera: ¡qué sensación tan gloriosa! Las personas miembros de mi clase de escuela dominical habían pasado la mayor parte de la hora contando «historias de Bob». Sentían un profundo afecto por el viejo irlandés y estaban recordando algunas de sus divertidas travesuras. Todo empezó cuando uno de ellos dijo que iba a comerse una rosquilla de arándanos en memoria de Bob, lo que provocó una rápida réplica de que, en ese caso, mejor se comiera dos. Otro amigo contó que Bob se acercó con su silla motorizada a un pastor que se marchaba para aceptar una llamada a otro ministerio, le estrechó la mano y le deseó buena suerte. Entonces, Bob le confesó: «Tengo entendido que es usted un muy buen predicador, pero no lo sé. Me he dormido en cada uno de sus sermones».

Como si fuera el momento justo, otro miembro de la clase derramó una taza de café, de nuevo «en honor a Bob». Todos nos reímos y recordamos cómo nos manteníamos alerta para evitar los derrames del café de Bob, pero de alguna manera se las arreglaba para derramar uno casi todos los domingos. Estos hermanos y hermanas en Cristo querían tanto a su amigo que se burlaban de él y le borraban la vergüenza. Nuestras relaciones encarnaban la comunión de la iglesia en un grupo de apoyo verdaderamente cristiano. Las historias y las risas trajeron un alivio espontáneo a mi alma afligida. Me sentí agradecida.

Durante décadas he comenzado el día recitando la meditación diaria de la mañana que se encuentra en el Libro de Oración Común, y hoy recordé una de las líneas del Salmo 51: «Hazme sentir de nuevo el gozo de tu salvación; sostenme con tu espíritu generoso» (v. 13). Esa petición fue concedida hoy. La alegría me envolvió con sus brazos a través de la presencia de amistades solidarias.

Las escrituras están llenas de palabras como *alegría, alegre, gozoso, alegremente, regocijado, dichoso y jubiloso*. El Salmo 68:3 dice: «Pero los buenos se alegran: ante Dios se llenan de gozo». En el octavo capítulo del libro de Nehemías, el sacerdote Esdras abre el libro de la ley de Moisés y lee al pueblo que ha regresado del exilio babilónico «No estén tristes, porque la alegría del Señor es nuestro refugio» (v. 10). Estas escrituras sirven como recordatorios amorosos de que Dios no me pide que deje de reír, solo porque mi esposo haya muerto.

Un amigo agregó una de esas tarjeticas insertadas con una nota que dice: «No llores por lo que se ha ido, sino ríe porque ya ha pasado». Otro amigo me dijo que le gustó lo que alguien le dijo cuando murió su mujer: «Llora hasta reír y ríe hasta llorar». No me gustan los refranes concisos, pero creo que lo que estos dos y las escrituras dicen es que el amor de Dios es ilimitado en los momentos buenos y en los tristes. El amor de Dios nos llevará a través de los tiempos de lágrimas hasta que lleguemos a un lugar de gratitud y alabanza por la bondad de Dios. Julián de Norwich (ac1342-1416), un místico inglés, escribió: «La plenitud de la alegría es contemplar a Dios en todo». En *todo, incluso en* nuestro camino de dolor. Que así sea.

**ORACIÓN:** *Dios de la compasión y la bondad constante, te pido el don de la alegría que me invita a encontrar la risa, la esperanza y la sanción, incluso en mis días de luto. Amén.*

**PENSAMIENTO PARA EL DÍA:** El amor de Dios nos sostiene en los momentos de dolor.

# QUEBRANTADA Y BENDECIDA

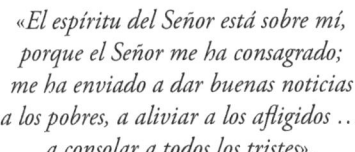

*«El espíritu del Señor está sobre mí,
porque el Señor me ha consagrado;
me ha enviado a dar buenas noticias
a los pobres, a aliviar a los afligidos …
a consolar a todos los tristes».*

Isaías 61: 1 -2

# PRIMER ANIVERSARIO

## Leer el Salmo 94: 17 – 19

*«En medio de las preocupaciones*
*que se agolpan en mi mente,*
*tú me das consuelo y alegría».*

Salmo 94: 19

Hace un año murió mi marido. A las 8:07 de la mañana, al comienzo del quinto día de vigilia en la sala de cuidados paliativos, su respiración superficial se detuvo. El misterio simplemente llegó y lo envolvió. Mi hijo menor, Bill, había llegado y estábamos sentados juntos tranquilamente, tomando café en vasos de polietileno. La enfermera vino con su estetoscopio y confirmó que Bob se había ido a su eterno deleite con el Señor, un final para años y años de sufrimiento y dolor insoportables.

Bob se fue de entre nosotros. Tuvimos tiempo para prepararnos para su partida, sin embargo, la experiencia fue de todos modos un cataclismo. Bill salió de la habitación para ir a decírselo a su mujer y darme tiempo para asfixiar el rostro y las manos de mi amado con besos y alisarle el pelo y susurrarle palabras íntimas de devoción y despedida. El hospicio se encargó de llamar a los otros hijos, a la iglesia y a las amistades seleccionadas especialmente.

Observé en silencio como dos mujeres del hospicio lavaban la cara de Bob y todo su cuerpo inerte de la cabeza a los pies y luego lo frotaban con loción de forma suave, respetuosa, cariñosa. Me sentí involucrada como si yo misma estuviera aplicando la loción como parte del equipo. El trabajo era sagrado, misterioso y, sin embargo, la tarea más valiosa y auténtica que un ser humano puede realizar a este lado del cielo. Pensé en las mujeres que vuelven al huerto de Getsemaní para ungir el cuerpo de Jesús con aceites aromáticos y prepararlo para la sepultura. Pero no son capaces de comenzar la tarea. ¡Él vive!

Hoy, al recordar y revivir ese día de dolor, miro mi álbum de bodas y una caja de tarjetas y cartas de pésame. Mi corazón todavía tiene la marca de las lágrimas de ese día de inmensa pérdida. Este año de dolor intenso y de tremendas transiciones ha sido duro, pero ha forjado un corazón más profundo y suave que no sólo mira hacia atrás sino también hacia adelante. Tengo un tesoro vivo de recuerdos asombrosos para alimentar mi vida. Sé que el amor está más allá del alcance de la muerte y que el amor mío y de Bob permanece eternamente. Dios es bueno en la vida, bueno en la muerte, bueno todo el tiempo.

Y así también espero el futuro con Dios sosteniéndome, alentándome, consolándome, sanándome y suavizando mi tristeza cada día. Incluso cuando estaba perdida en el dolor, Dios me encontró. Y ahora aprendo a interiorizar los dones de amor que Bob y yo compartimos y a llevarlos conmigo mientras establezco una vida nueva.

**ORACIÓN:** *Señor compasivo, está a mi lado mientras espero mi último día en la tierra y concede la alegría y la paz eterna a mi amado. Amén.*

**PENSAMIENTO DEL DÍA:** Incluso cuando nos sumergimos en el dolor, Dios nos encuentra.

# ALIMENTO RECONFORTANTE
## Leer Juan 6: 48 – 51

*«Yo soy el pan que da vida. Los antepasados de ustedes*
*comieron el maná en el desierto, y a pesar de ello murieron;*
*pero yo hablo del pan que baja del cielo;*
*quien come de él, no muere».*

Juan 6: 48 – 50

Seis meses después de la muerte de Bob, me mudé para estar cerca de mi hija y mi hermana en Carolina del Norte. Cuando uno de mis vecinos nuevos se enteró de que soy bibliotecaria jubilada y viuda, me presentó a otra viuda y bibliotecaria universitaria que vive en nuestro barrio. Aunque ella es mucho más joven, tenemos el vínculo común de haber perdido a nuestro esposo y además compartimos nuestra experiencia profesional. Resulta que disfrutamos muchas actividades en común, como la afiliación religiosa, el amor por la música coral, la afinidad por todo lo celta y el aprecio por la buena comida.

Una noche las dos decidimos ir a cenar y a una obra de teatro. Mientras nos deleitábamos con la cocina italiana, compartimos historias sobre nuestros maridos y la forma en que disfrutaban de la comida con gusto. Lo bueno de encontrar una amiga viuda es que tengo a alguien con quien hablar de mi amado porque ella entiende mi necesidad de hacerlo. Ella escucha, y luego es su turno de recordar y contar historias. Una amistad así es terapéutica e importante.

La conversación derivó hacia un comportamiento que comenzó tras la muerte de Bob. Mantengo una dieta saludable durante todo el día y para la cena. Pero alrededor de las nueve de la noche se me antojan bocadillos y dulces hasta que el sueño me obliga a acostarme. Helado, tiras de tortilla y salsa, galletas, palomitas de maíz, fresas bañadas en azúcar en polvo, y la lista continúa. Unos cuantos kilos, además de centímetros adicionales en mi cintura, aparecieron el primer año de viudez. La ropa me quedaba ajustada. Lamentablemente, no me importaba. Mi vecina simpática me miraba con una sonrisa enorme en la cara: «Yo también hago lo mismo, pero mi comida reconfortante preferida es el chocolate, todo lo que sea chocolate».

El anhelo, el hambre, los ruidos en el estómago son solo una añoranza de mi cónyuge ausente y un deseo de volver a tener su compañía, sobre todo cuando se pone el sol. La tristeza, la depresión y el dolor después de una pérdida tan inmensa son respuestas involuntarias, y hacen que la vida sea desordenada y desconcertante. La gente sigue diciéndome que mejorará con el tiempo. El proceso de sanación, en efecto, lleva tiempo. Estoy aprendiendo a aceptar el hecho de que mi vida ha cambiado para siempre por mi pérdida. Esta terrible etapa duele, duele mucho.

Estoy descubriendo esta verdad en medio del proceso de duelo: no puedo apresurarme ni evitar el desierto de la tristeza y la depresión. No puedo rodearlo, sobrepasarlo o pasarlo por debajo. Debo atravesarlo. Estoy aprendiendo a aceptar los sentimientos difíciles y a reflexionar sobre mi pérdida. A menudo no percibo la presencia de Dios, pero cuando profundizo en mi santuario interior, en algún momento, siento el impulso de Dios o escucho la voz pequeña y tranquila que me hace saber que Dios está conmigo en cada paso del camino. La esperanza y la curación se despiertan de nuevo. El Señor viene a saciar mi hambre, a obrar un milagro como el del maná para los israelitas o los panes y los peces para los cinco mil. Encuentro alimento reconfortante cuando recuerdo a Jesús diciendo: «Yo soy el pan de vida».

**ORACIÓN:** *Verdadero Dios de la esperanza y el consuelo, restaura a todas las personas que sufrimos en cuerpo, mente o espíritu con el poder* *de tu amor sanador. Gracias por tu presencia en mi camino hacia la sanación y la vida nueva. Amén.*

**PENSAMIENTO PARA EL DÍA:** La presencia firme de Dios reconforta nuestro peregrinaje.

# LÁGRIMAS RECOGIDAS
## Leer el Salmo 56:8-13

*«Tú llevas la cuenta de mis huidas;*
*tú recoges cada una de mis lágrimas».*
Salmo 56:8

Las palabras saltaron de la página: «Tú… recoges cada una de mis lágrimas». Dios no solo lleva un registro de las veces que doy vueltas en la cama durante mis noches de angustia, sino que también recoge mis lágrimas y guarda meticulosamente cada una de ellas. Esta metáfora impresionante, que expresa la profundidad de la preocupación de Dios por mí, penetró en mi dolor como un rayo que atraviesa un cielo oscuro. La idea de que el Señor se preocupa y me ama lo suficiente como para guardar mis lágrimas —y han sido muchas— en una botella, me llenó de consuelo, sanación, humildad y alabanza desbordante.

He vuelto a leer el Salmo 56. Es un lamento individual probablemente escrito por el rey David cuando los filisteos lo retuvieron en la ciudad de Gat. Habla de enemigos, tramas maliciosas y conspiraciones. Pero David también expresa su seguridad y una completa confianza en Dios que borra todo temor: «Confío en Dios y no tengo miedo» (v. 4). Promete una ofrenda de agradecimiento cuando su oración es respondida: «porque me has salvado de la muerte, porque me has librado de caer, a fin de que yo ande en la luz de la vida» (v. 13).

Leí el salmo por tercera vez y me puse a llorar. Las lágrimas son un compañero frecuente, una reacción natural al dolor. Leí en un folleto del hospicio que los científicos han descubierto que las lágrimas de la pena tienen una composición química diferente a la de las lágrimas de una lesión física. Llorar durante una temporada de duelo libera toxinas del cuerpo y favorece el proceso de sanación. Y, sin embargo, parece que me he creído nuestra incomodidad cultural acerca del llanto. Llorar no significa debilidad, ni desmoronarse, ni perder la cabeza. Sin embargo, escondo mis lágrimas del mundo exterior y lloro en privado donde nadie me puede ver. Me tiro en la cama y sollozo hasta que mi almohada se empapa de lágrimas y la energía de mi cuerpo se agota. La sensación de liberación y el alivio que siguen a un episodio así reconfortan y consuelan mi corazón roto. Me siento depurada, fortalecida y capaz de seguir adelante de nuevo.

En un libro pequeño, uno de mis favoritos, titulado *His Gifts to Me (Sus obsequios para mí),* la autora Marie Chapian combina varias escrituras en «The Gift of Tears» (El don de las lágrimas) para formar este mensaje de apoyo:

Cuando siembras con lágrimas,
    cosecharás con un canto alegre.
El dolor y las penas de hoy no durarán,
    porque yo te consuelo en mi abrazo
y te doy el don de las lágrimas,
    que guardo en frascos en mi estante sagrado.
    Nada de lo que te concierne escapa a Mi mirada.
    Cuando llores, querida,
dame tus lágrimas,
    donde están a salvo.*

Mis lágrimas me invitan a tomar conciencia de que Dios está cerca, que comparte plenamente mi humanidad en toda su tristeza y sus bendiciones.

---

*Marie Chapian, *His Gifts to Me* (Minneapolis, MN: Bethany House Publishers, 1988). 172-3.

**ORACIÓN:** *Dios de amor y misericordia, que conoces el dolor oculto en lo más profundo de mi corazón, te doy gracias por el don de las lágrimas y por saber que te preocupas y que nunca estás lejos de mí. Amén.*

**PENSAMIENTO DEL DÍA:** Déjese llevar por sus lágrimas sanadoras, son preciosas para Dios.

# VALORES PODEROSOS

## Leer Marcos 12: 41 - 13: 2

*«En esto llegó una viuda pobre, y echó en uno de los cofres
dos moneditas de cobre, de muy poco valor....
Al salir Jesús del templo, uno de sus discípulos le dijo:
—¡Maestro, mira qué piedras y qué edificios!».*

Marcos 12:42; 13:1

Las situaciones que solían parecer importantes ya no parecen importar: mi corazón, la oración, el propósito, la vida, el valor, la valía. Como viuda relativamente nueva, me sentí vacía y desorientada, incluso con náuseas debido al dolor profundo. Es casi como estar perdida en una especie de mundo que ya no existe. Me gustaría que mi vida volviera a ser normal, sea lo que sea. Ni siquiera recuerdo cómo era la vida antes de que mi esposo enfermara y muriera.

Buscando un apoyo emocional y espiritual para el día, abrí mi Biblia con fe y comencé las lecturas del leccionario diario. En Marcos 12, Jesús observa a la gente haciendo contribuciones a las trece cajas de recolección en el Patio de las Mujeres para los sacrificios diarios y los gastos del Templo. Muchas personas hacen contribuciones considerables. Entonces llega una viuda pobre que ofrece dos ácaros, pequeñas monedas de cobre. Un ácaro es la más pequeña de todas las monedas, que solo vale una pequeña fracción de un denario o del salario de un día, pero Jesús señala que su contribución es la más grande de todas. La cantidad de la ofrenda nunca importa tanto como el coste para el dador. Ella lo da todo, sin guardarse nada, ni una sola moneda. Su futuro económico es inseguro y, sin embargo, confía en que Dios suplirá todas sus necesidades.

Después de esta escena con la viuda pobre, Jesús sale del templo y uno de sus discípulos expresa su asombro por el tamaño de las piedras. El historiador Josefo informa que algunas de estas piedras tenían 40 pies de largo por 12 pies de alto y 18 pies de ancho. El tamaño de las piedras y los edificios mueve al discípulo Galilea a expresar su asombro y admiración ante tal esplendor y magnificencia. Jesús lo ve como un monumento a la codicia y al poder pagado con las vidas de los trabajadores que lo construyeron y advierte de la destrucción que se avecina. Nada en el mundo material es tan vasto y sólido como para mantenerse en pie para siempre. La viuda pobre tiene razón. Ella me recuerda que lo único que realmente cuenta es la relación correcta con Dios.

La viudez conlleva grandes cambios en los ingresos para muchos de nosotros/as y los ajustes en el estilo de vida que le siguen. Vendo mis objetos y recibo un cheque, y de alguna manera siempre hay suficiente en la cuenta bancaria para financiar la furgoneta de la mudanza, un nuevo lugar para vivir, neumáticos nuevos para los viajes largos, la promesa de la iglesia. Puede que sintamos que no tenemos muchas cosas materiales o regalos para dar a Dios, pero al ofrecer lo que tenemos, aprendemos a confiar en que Dios suplirá todas nuestras necesidades. Jesús no ve a la viuda como algo inferior, disminuido, impotente o como un objeto sin valor. Da testimonio de su fiel devoción a las generaciones futuras.

La lectura de esta bonita historia me hace imaginar a Jesús acercarse ante mi cabeza caída, levantando mi barbilla, besándome la frente y diciéndome lo preciosas que son todas las viudas a sus ojos.

**ORACIÓN:** *Dios generoso y misericordioso, gracias por tu hijo que ama a los «más pequeños» y les da poder, valor y bendición más allá de lo imaginable. Amén.*

**PENSAMIENTO DEL DÍA:** Podemos confiar en que Dios suplirá todas nuestras necesidades.

# SEGUIR ADELANTE

## Leer Génesis 12: 1 – 9

*«Un día el Señor le dijo a Abram:*
*"Deja tu tierra, tus parientes*
*y la casa de tu padre, para ir a la*
*tierra que yo te voy a mostrar.*
*Con tus descendientes voy a formar una*
*gran nación; voy a bendecirte*
*y hacerte famoso, y serás una bendición para otros"».*

Génesis 12: 1 – 2

La familia de Abram (su nombre cambia a Abraham en Génesis 17) se traslada de Ur, una antigua ciudad cerca del río Éufrates en el extremo sur de Mesopotamia, a Harán, una ciudad en el cruce de las principales rutas comerciales en el extremo norte de Mesopotamia. Después de la muerte de Taré, el padre de Abram, Dios llama a Abram y le da instrucciones de viaje para ir a Canaán con promesas de bendición que seguirán al cumplimiento de Abram de la orden de Dios. La historia compleja del libro del Génesis remarca los pactos de Dios que bendicen y protegen a los seres humanos de los que se espera que sean obedientes, crean y tengan fe en Dios.

Pensé en la cantidad de valor y confianza que se requiere para que Abram y otros héroes bíblicos sigan los mandatos de Dios. Me sentí intimidada por su ejemplo, pero me di cuenta de que necesitaba esa misma fuerza para seguir adelante con mi vida como viuda, tanto en sentido literal como figurado. Sentí que Dios me decía que me mudara de mi casa de Texas a Carolina del Norte para estar cerca de mi hija y mi hermana, pero cada vez que pensaba en todo lo que había que hacer (la logística de encontrar un nuevo lugar para vivir, resolver las finanzas, encontrar una empresa de mudanzas, organizar, empacar y conducir dos días con un perro) me golpeaba una ola de dolor. Ayer paseé a Molly y luego me fui de nuevo a la cama y me quedé allí durante horas.

Ha habido descansos ocasionales en la depresión en los que he conseguido hacer algunas cosas, pero a menudo me he sentido emocionalmente agotada hasta el punto de no poder hacer nada. Me las arreglé para encontrar rápidamente lugares para todo el equipo y los suministros médicos de Bob, pero pospuse durante meses mi enfrentamiento con su armario hasta que me obligué a abordarlo hoy. Clasifiqué y empaqué toda la ropa de Bob y la llevé a un lugar de beneficencia. Done «toda» su ropa, pero hubo una excepción: su camisa morada comprada para la boda de su nieta Ellen. Solo se la puso una vez más y fue el domingo de Pascua, la última vez que asistió a la iglesia. Está colgada en el fondo de mi armario; aún no estoy preparada para dejarla ir. Ha sido un día muy emotivo.

Seguir adelante es algo muy difícil de hacer. Nos enfrentamos a la incertidumbre y a la pérdida de lo que hemos conocido. Mi mundo, tal y como lo conocía —y tal y como esperaba que fuera— se ha vuelto al revés. Pero hace años le dije a Jesús: «Quiero seguirte», así que ahora debo reunir el valor y la confianza para actuar según la fe que profeso. Abram abandona su tierra familiar con la promesa de que Dios proveerá. Yo también debo levantarme y partir, con la incertidumbre de mi futuro como viuda nueva en un lugar nuevo, pero con la certeza de que estoy en camino hacia nuevas bendiciones con Dios.

**ORACIÓN:** *Señor y Dios mío, escucha mi oración de valor y fe mientras me preparo para seguir adelante con mi vida. Sé mi compañero y mi guía en cada paso del camino. Amén.*

**PENSAMIENTO DEL DÍA:** Dondequiera que vayamos, Dios va con nosotros/as.

# RECORRIDO EN BARCO CON SOBRESALTOS

## Leer Marcos 6: 45 -51

*«Pero en seguida él les habló, "diciéndoles:*
*—¡Calma! ¡Soy yo: no tengan miedo!"»*
Marcos 6: 50

Una mañana estaba sentada en mi silla favorita para orar y leer meditaciones, pero me sentí abrumada por las dificultades de tantas transiciones y cambios en mi vida. El desencadenante de mi angustia vino de mi intento, la tarde anterior, de conseguir una licencia de conducir en el estado al que me había mudado para estar cerca de la familia después de la muerte de mi esposo. Tuve que hacer el examen de conducir, tener la licencia permanente en la mano y presentar el título del coche en la oficina del Departamento de Vehículos Motorizados donde había filas largas de espera y estaba situada en la parte trasera de un centro comercial antiguo a varios kilómetros de distancia.

Cuando presenté mis documentos a la empleada, me dijo: «No puedo aceptar esto porque el título está a nombre de usted y de su esposo». Le dije que mi marido había fallecido y saqué su certificado de defunción de un montón de papeles que llevaba en el bolso. Me contestó rápidamente: «Permítame llamar a mi supervisor», y se fue. El gerente me indicó que consiguiera una copia de un formulario específico del condado de Texas donde se había legalizado el testamento. Me fui ahogando las lágrimas y dudando de mí misma por haberme mudado: probablemente muchos cambios, demasiado rápido.

Cuando empecé a leer la historia que aparece en la escritura de hoy, me adentré en la oración imaginativa —un método para leer la escritura utilizando nuestra imaginación— que ha sido una tradición muy apreciada en la oración durante siglos. San Francisco de Asís utilizó este método para animar a la gente a crear belenes en Navidad, una forma de imaginar a la Sagrada Familia como personas reales. Siglos después, San Ignacio de Loyola también utilizó esta técnica. Hoy he abierto mi imaginación, para adentrarme en la historia de un recorrido en un barco de sobresaltos.

Después de dar de comer a los cinco mil, Jesús hace que sus discípulos suban a una barca y se vayan al otro lado del mar de Galilea mientras él sube a un monte a orar. Llega la tarde y Jesús ve que tienen dificultades para remar contra los vientos fuertes. Jesús comienza a caminar hacia ellos por el mar. Creyendo que se trata de una aparición, se asustan. Pero inmediatamente Jesús habla: «!Calma! ¡Soy yo: no tengan miedo!». Se une a ellos en la barca, y los vientos fuertes cesan.

Me imaginé a mí misma en el barco, con el viento rozándome con fuerza la cara, la niebla salina quemándome los ojos, el pelo golpeándome las mejillas. Aprender a ser viuda es una travesía en barco accidentada y aterradora. Algunos días, el cabeceo y las sacudidas de mi embarcación pequeña hacen que me duela la cabeza, que se me revuelva el estómago y que me lata el corazón con fuerza. Justo cuando pienso que no puedo continuar, Jesús atraviesa las olas furiosas y se sube a mi barca conmigo. Recibo valor, consuelo y fuerza de mi Salvador y Mejor Amigo. La vida sigue adelante. Los mares se calman y las puestas de sol sorprenden. Y al igual que los discípulos de esta historia, estoy totalmente asombrada.

**ORACIÓN:** *Señor del mar y del cielo, oyes el clamor de tu pueblo y vienes a dar tu vida para que se salve. Señor, qué increíblemente misterioso y magnífico es tu amor. Amén.*

**PENSAMIENTO DEL DÍA:** Dios acude cuando escucha el clamor de su pueblo.

# ESPERAR, ESPERAR

Leer el Salmo 27: 13 – 14; 46: 10 – 11

*«Pon tu esperanza en el Señor;*
*ten valor, cobra ánimo;*
*¡pon tu esperanza en el Señor!».*

Salmo 27:14, NVI

Hace décadas asistí a reuniones de grupos de apoyo para personas adultas solas que luchaban contra los sentimientos recientes de pérdida y dolor que conllevan la muerte y el divorcio. El motivo de mi dolor en aquel momento de mi vida era el divorcio tras un matrimonio de 27 años. Ahora estoy sintiendo el dolor penoso de la muerte de mi segundo marido, el verdadero amor de mi vida durante 17 años. Hoy he pensado que algunas de esas mismas etapas de dolor y momentos de soledad agonizantes han regresado. Una noche, el líder del grupo de apoyo nos advirtió: «Tengan cuidado. Ahora son vulnerables. Les aconsejo que no se apresuren a entablar nuevas relaciones para llenar el vacío en sus vidas. Deben aprender a vivir con el vacío. Esperar, esperar». He leído los consejos de muchos profesionales de la salud que sugieren que la espera debe durar un mínimo de dos años. Sin embargo, también señalan que no hay dos personas que afronten este recorrido de la misma manera y que no hay una única forma de vivir nuestras vidas.

Esta mañana no tengo expectativas de tener otro hombre en mi vida ni esta setentona quiere repetir la experiencia de la larga enfermedad de su cónyuge y los años de cuidados exhaustivos. Los seis meses de pena abrumadora y transición han pasado lentamente. Todavía estoy cansada. Lo que estoy aprendiendo es que no hay una solución rápida para resolver el problema del duelo para la mayoría de nosotros/as. Algunas viudas tienen un trabajo, crían a sus hijos, cuidan a sus padres ancianos, etc.; y se ven obligadas a continuar con una vida activa tras la muerte de su cónyuge. Otras tienen que lidiar con problemas financieros y de salud que agravan el dolor y la soledad. Sean cuales sean las circunstancias, el camino es difícil.

Hoy he vuelto a recordar el consejo de «Esperar, esperar» en mi lectura de las Escrituras: «Pon tu esperanza en el Señor; ten valor, cobra ánimo». «Esperar no es fácil, especialmente para quienes son organizados/as y eficientes. Nos ha golpeado la crisis de la pérdida de nuestro socorro, que trae consigo una crisis espiritual. Algunos días Dios parece estar lejos, demasiado lejano para escuchar los suspiros de mi alma. Sin embargo, cuando practico un tiempo aparte para esperar, observar y escuchar, Dios se hace presente y renueva mi espíritu. No sé cómo sucede esto, pero sé con certeza que mi tiempo aparte con el Señor me transforma y me calma mental, física y espiritualmente. En el silencio se habla de amor. El amor bendice; el amor nos sana.

Anoche, sentada a solas, entré en una conversación espiritual con mi Señor. Mientras me sentaba allí, perfectamente inmóvil en cuerpo y mente: sin orar, sin hablar, sin pensar, sin moverme; sentí que me invadía una calma tranquilizadora. Era como si hubiera encontrado una mina de oro de paz en mi interior. En la quietud, el amor se pronunció una y otra vez hasta que mi pena se disipó temporalmente. Tuve la extraña sensación de que estaba aprendiendo a hacerme amiga del vacío. «¡Ten confianza en el Señor! ¡Ten valor, no te desanimes! ¡Sí, ten confianza en el Señor!». (Salmo 27:14, DHH).

**ORACIÓN:** *Dios bondadoso y compasivo, tú me bendices con tu presencia y tu paz. Vengo con un corazón agradecido a descansar en la maravilla de tu amor. Amén.*

**PENSAMIENTO DEL DÍA:** En la quietud, el amor de Dios nos habla.

# EN EL DESIERTO
## Leer Mateo 4: 1 – 11

*«Luego el Espíritu llevó a Jesús al desierto, para que el diablo lo pusiera a prueba. ... Entonces el diablo se apartó de Jesús, y unos ángeles acudieron a servirle!».*

Mateo 4: 1, 11

Cuando dejé Texas tras la muerte de Bob para estar cerca de mis parientes en Carolina del Norte, una de las pérdidas que tuve fueron las sesiones mensuales con mi líder espiritual, el reverendo Sam Hulsey. Su amistad con Bob y conmigo fue un regalo durante muchos años. Me refirió con otro líder e insistió en que me pusiera en contacto con el, su buen amigo, el reverendo Stuart Hoke, poco después de la mudanza. Las sesiones mensuales con el reverendo Hoke durante los últimos 14 meses han dejado claro que he recibido otro regalo. Sam me ayudó durante mis primeros seis meses de pena dolorosa, y Stuart me ayudó cuando entré en mis siguientes seis meses de pena dolorosa pero más suave.

Stuart suele empezar las sesiones con esta frase: «Dime qué está haciendo Dios en tu vida». Durante las cuatro primeras reuniones, mi respuesta fue la misma: «Siento que Dios me ha llevado al desierto. La vida exterior parece estar bien, pero por dentro estoy luchando». Cuando intenté describir el desierto, pensé en el bautismo de Jesús por Juan en el Jordán, cuando fue identificado como el Elegido, el Hijo amado de Dios, el Mesías y el Salvador. Inmediatamente después, Jesús, guiado por el Espíritu, se fue al desierto para estar solo durante 40 días antes de emprender su ministerio.

Algunos estudiosos creen que el desierto donde Jesús fue a estar solo se llama *Jeshimon*, que significa «devastación». Se trata de una zona entre Jerusalén y el Mar Muerto, una meseta central compuesta por rocas, piedra caliza irregular y montones de polvo. A un lado, la meseta desciende 1.200 pies a través de peñascos y precipicios hasta el Mar Muerto Mar. Jesús —solo, hambriento, cansado y vulnerable— fue puesto a prueba allí.

Muchas veces durante los meses anteriores me sentí seca, escarpada, estéril, vulnerable y sola en mi viudez. El desierto no es un lugar al que quisiera ir, pero parece que todos y todas vamos allí en algún momento. La muerte de un ser querido, la pérdida de un trabajo, una crisis de salud, la muerte de un sueño, una gran decepción, pueden catapultarnos a un lugar de introspección agonizante, pero también a una experiencia de descubrimiento. La situación a la que me enfrentaba no era si me adentraba en este desierto o no, sino cuándo y adónde saldría de él. No pude encontrar una nueva iglesia como en casa. No tenía mis amistades ni mi sistema antiguo de apoyo. ¿Cómo compensaría estas pérdidas tan importantes? ¿Quién soy ahora que ya no soy la esposa y cuidadora de alguien? ¿Dónde y cómo puedo servir al Señor que amo con todo mi corazón en este nuevo lugar? ¿Cuál es mi valor? ¿Cuál es mi propósito?

Sam y Stuart siempre han fomentado el cultivo de la vida interior: llegar a ser nosotros mismos tan plenamente como seamos capaces, buscar las riquezas del peregrinaje del alma incluso en los tiempos en el desierto doloroso. Poco a poco estoy aprendiendo la lección de que el autodescubrimiento es potencialmente sanador y sagrado.

**ORACIÓN:** *Padre eterno y perpetuo, me has traído a un tiempo de dolor y vulnerabilidad. Que el sufrimiento de mi alma me lleve a casa, a ti, donde encuentro amor, seguridad, propósito y valor como tu hija amada. Amén.*

**PENSAMIENTO DEL DÍA:** Nuestras almas están inquietas hasta que encuentran su refugio en Dios.

# HASTA LA LUNA

## Leer el Salmo 100

*«Reconozcan que el Señor es Dios;*
*él nos hizo y somos suyos;*
*¡somos pueblo suyo y ovejas de su prado!».*

Salmo 100: 3

Un búho sabio que vi en el bosque durante un paseo al atardecer fue el motivo a una meditación reflexiva a la mañana siguiente. Pensé en la sabiduría de mi marido y en la preocupación de su último mes en esta tierra sobre cómo manejaría su muerte. Nuestro pastor le aseguró repetidamente que yo estaría bien. «El Señor cuidará de Nell. Ella me tiene a mí, a su familia, a su iglesia y a muchas amistades para asegurarse de que esté bien. No hay que preocuparse». El pastor tenía razón. He luchado contra el dolor y la profunda tristeza, pero estoy aprendiendo a hacerme amiga de la vida sin mi amado esposo. Y para subrayar la afirmación de que la vida continúa, me gusta imaginar que el espíritu de Bob reside a veces en un búho en el bosque detrás de mi nueva casa.

Una tarde, mientras hojeaba un catálogo, encontré una imagen de un búho simpático sentado en la rama de un árbol con una gran luna llena en el cielo detrás de él. El mensaje decía: «Te quiero hasta la luna y mas allá». Sí, lo compré y lo colgué en la pared cerca de una foto de mi marido. Nunca deja de evocar en mi una sonrisa y un corazón alegre.

Soy consciente de que tradicionalmente se conoce al búho como el anunciador de la muerte. Recuerdo un libro que reseñé para la columna de un periódico semanal cuando era bibliotecaria, allá por los años 70. Margaret Craven es la autora del clásico poderoso y memorable *Oí al búho decir mi nombre*, una parábola sobre la reconciliación de dos culturas y dos tipos de fe diferente, sobre la vida y la muerte y el poder transformador del amor.

El libro comienza con el médico comunicando al obispo que su joven vicario, Mark Brian, tiene una enfermedad terminal. El médico y el obispo deciden no decírselo. En su lugar, Mark es enviado a una zona remota del Noroeste del Pacífico a la antigua aldea de Kingcome para vivir entre los nativos donde sólo cuenta lo fundamental, donde la caza y la pesca siguen siendo la principal fuente de alimento y donde el trabajo manual es clave para la supervivencia. Mark descubre que la pequeña iglesia y la vicaría están en un estado de deterioro terrible y comienza un peregrinaje de descubrimiento que le enseña lo suficiente durante su estancia breve en esta aldea sobre el sentido de la vida para estar preparado para la muerte.

En su primera Nochebuena en la aldea, Mark espera en silencio junto a una estatua de Jesús que sostiene un corderito. La luz de las velas ilumina sus ojos tristes. El dolor y la soledad habitan en esta comunidad remota. Pero entonces Mark abre las puertas de la iglesia y ve a las personas de la aldea que se acercan con sus linternas parpadeantes, en fila por el camino hacia la iglesia. «Por primera vez les conoció por lo que eran, el pueblo de su mano y las ovejas de su prado, y supo cuán profundo era su compromiso con estas personas».*

A medida que pasa el tiempo, el vicario oye que el búho le llama por su nombre. Se siente débil y el obispo decide enviar un sustituto. Mark se pregunta cómo va a vivir en el viejo mundo. Él, como el salmón, remonta el río para dar su vida. Se «ha hecho amigo de la soledad, de la muerte y de las privaciones». Sin embargo, cuando está entre la espada y la pared, su fe sigue siendo fuerte y sólida.

---

*Margaret Craven, *I Heard the Owl Call My Name* (Nueva York: Dell Publishing, 1973), 58, 145.

A veces estamos tristes y nos sentimos la soledad, pero como Marcos, sabemos que Cristo es más grande que nuestro dolor más debilitante. Nuestro Dios nos ama hasta la luna y mas allá.

**ORACIÓN:** *Gracias, Buen Pastor, por amar a tu pueblo, las ovejas de tu prado. Te agradezco que pueda confiar en tu presencia en todas las circunstancias de mi vida. Amén.*

**PENSAMIENTO DEL DÍA:** Cristo es más grande que nuestro dolor más debilitante.

# SIN CULPA

### Leer Efesios 2: 4-9

*«Pero Dios es tan misericordioso y nos
amó con un amor tan grande,
que nos dio vida juntamente con Cristo cuando todavía
estábamos muertos a causa de nuestros pecados.
Por la bondad de Dios han recibido ustedes la salvación».*

### Efesios 2: 4 – 5

Una mujer atractiva mayor se sentó tranquilamente en el banco frente a mí. Cuando terminó el servicio, me presenté. En cuestión de minutos me enteré de que nuestras historias de vida eran comunes. Ambas estábamos luchando con la novedad y el choque de la viudez (ella durante 8 meses y yo 15 meses). Le pregunté si su marido había estado enfermo durante mucho tiempo.

En voz baja, empezó a contarme que su marido, de más de 50 años, se había caído, se había golpeado la cabeza y había desarrollado coágulos de sangre en el cerebro. Entró en su descanso eterno en dos meses. Me contó que durante esas semanas solo salió brevemente de la habitación del hospital porque ambos se habían prometido estar presentes cuando llegara la muerte. Un día fue a su casa para ducharse y comer y, para su desconcierto, él murió antes de que ella regresara.

«Me siento muy mal; no he cumplido mi promesa. Estuve poco tiempo fuera», dijo en un susurro mientras contenía las lágrimas.

Le dije que lo entendía porque yo no estaba en la habitación cuando Bob dio su último aliento. Había ido por una taza de café. Pero él no me había hecho prometer que estaría allí. Tiendo a pensar que, incluso en su estado de coma, planeó que yo estuviera fuera de la habitación. Siempre decía que no soportaba verme llorar. Lo destrozaba cuando yo estaba triste y llorosa. Sí, lloraba, pero al mismo tiempo, sentía un inmenso alivio de que su sufrimiento hubiera terminado.

He jugado a ese juego de arrepentimiento por no haber hecho algunas cosas de forma diferente. Muchas viudas lo pasamos mal con la culpa injustificada. Pensamos mágicamente que podríamos haber hecho algo más, de alguna manera. No solo estamos agobiadas por las exigencias físicas, emocionales y mentales de lidiar con la pérdida de nuestros seres queridos y todo lo que ello conlleva, sino que además añadimos cargas inmerecidas e irracionales de culpa porque no lo hicimos todo perfectamente.

He experimentado un cambio en la forma de pensar sobre el pasado. Sería pretensioso pensar que podría haber sido la esposa perfecta, la cuidadora, la amante, la mejor amiga. Ni siquiera puedo ser la viuda perfecta. Gracias a Dios, no tengo que ser perfecta para ser alguien o algo. Solo puedo ser una hija de Dios, amada y perdonada, salvada por la gracia, abrazada y acariciada hoy y en la eternidad. Conozco a una mujer soltera y trabajadora que ama al Señor y que siempre desprende alegría y bondad sin importar sus circunstancias. Cuando le preguntan: «¿Cómo estás?», ella responde: «Soy bendecida y muy favorecida». Ella lo tienen claro. Y la buena noticia es que nosotros/as también somos personas bendecidas y muy favorecidas.

**ORACIÓN:** *Señor misericordioso, te agradezco que, por tu gran amor y misericordia, me hayas salvado y resucitado por la inconmensurable riqueza de tu gracia en la bondad hacia mí en Cristo Jesús. Amén.*

**PENSAMIENTO DEL DÍA:** Las riquezas de la gracia de Dios son inmensas.

# ETTY

### Leer Habacuc 3: 17 - 19

*«Le alabaré aunque no florezcan las higueras*
*ni den fruto los viñedos y los olivares; ...*
*y no haya reses en los establos. Porque el Señor*
*me da fuerzas; da a mis piernas la ligereza del ciervo*
*y me lleva a alturas donde estaré a salvo».*

HABACUC 3: 17 – 18

Los mensajes del profeta Habacuc hacen que las condiciones actuales parezcan sombrías; no tiene cosechas ni animales necesarios para la supervivencia. Los actos salvadores de Dios aún no son evidentes; el pueblo y la tierra siguen sufriendo. Pero Habacuc se aferra a su visión y a su confianza en el poder salvador de Dios. Se aferra a su fe, y su fe lo lleva a regocijarse y alabar a Dios a pesar de sus circunstancias difíciles.

Recientemente he sabido de una joven judía llamada Etty (Esther) Hillesum que nació en 1914 en los Países Bajos. Vivió en Middelburg con sus padres y sus dos hermanos y más tarde vivió en Ámsterdam durante la ocupación nazi. Se licenció en Derecho en Holanda, trabajó como profesora y se movió en círculos estudiantiles antifascistas. Por recomendación de su terapeuta, Julius Spier, comenzó a llevar diarios para ayudarla con su depresión. Sus cartas recopiladas en *An Interrupted Life: The Diaries of Etty Hillesum* 1941–43 (*Una vida interrumpida: Los diarios de Etty Hillesum*) revelan la profunda vida espiritual de una pensadora y mística. A pesar de sus circunstancias intranquilas, perturbadas y difíciles; fue capaz de encontrar a Dios y ser transformada por la fe. Se convirtió en una mujer llena de amor y paz interior y declaró que vivía en constante intimidad con Dios.

En el verano de 1942, Etty se ofreció como voluntaria para ir con el primer grupo de judíos deportados desde Ámsterdam a un campo de detención cercano. Allí recibió la noticia de que su terapeuta, mentor, amigo y amante, Spier, había muerto. Ella vio esta pérdida en el contexto de la mayor aflicción a la que se enfrenta el pueblo judío y escribió: «Pensar que un pequeño corazón humano puede experimentar tanto, oh, Dios, tanto sufrimiento y tanto amor, te estoy tan agradecida, Dios, por haber elegido mi corazón, en estos tiempos, para experimentar todas las cosas que ha experimentado».

Etty fue deportada y finalmente ejecutada en el campo de concentración de Gross-Rosen en Auschwitz (Polonia) en 1943, a la edad de 29 años. Antes de su partida, entregó los diarios a una amiga. Posteriormente fueron traducidos y publicados en 1984 por Random House. La historia de su vida se convirtió en una obra teatral de Susan Stein, y se ha presentado en todo el país con muy buenas críticas.

El tipo de fe que vive que convive con la mezcla del mal y la muerte, las dificultades y las penurias, pero que se aferra a la esperanza y a la gratitud hacia Dios, es rara e inspiradora. La experiencia de Etty —como la de la visión de Habacuc— demuestra que, incluso cuando todo parece desesperado, Dios es un Dios de salvación. Dios está con Habacuc, con Etty, con cada persona.

¿Recuerdas cuando éramos niños y dábamos vueltas en círculos hasta que nos sentíamos mareados y desorientados? Este primer año de viudez se siente así. Etty dio las gracias a Dios por haber elegido su corazón para experimentar tanto amor y tanto sufrimiento. Mi esperanza es tener algún día su paz interior y su apertura al agradecimiento por todo lo que la vida traiga.*

---

*Conocí a Etty Hillesum en un artículo de Mark S. Burrows y John H. Ohlson, Jr. titulado «Love Is a Direction» que apareció en Weavings 27, no. 4 (Ago/Sept/Oct 2012): 14-15. Etty Hillesum, *Una vida interrumpida: The Diaries, 1941-193*, and *Letters from Westerbork*, trans. Arnold J. Pomerans (Nueva York: Henry Holt, 1996), 198.

**ORACIÓN:** *Padre Dios, mi vida está llena de experiencias buenas y hermosas, difíciles y aflictivas. Transfórmame y reoriéntame hacia un lugar de esperanza y confianza en la realidad de que no estás más allá de mí, sino conmigo en medio de la vida cotidiana. Amén.*

**PENSAMIENTO DEL DÍA:** En el bienestar y en el dolor, Dios está siempre presente.

# PROBLEMAS CON EL DEPARTAMENTO DE VEHÍCULOS MOTORIZADOS

Leer el Salmo 46: 10 y Números 6: 24 – 26

> «*El Señor te mire con agrado*
> *y te extienda su amor;*
> *el Señor te muestre su favor*
> *y te conceda la paz*».
> Números 6: 25 – 26, NVI

Ayer fue un día más que difícil, experimenté la máxima frustración y ansiedad. Quería volver a mi antigua vida. Me sentí como una víctima, como alguien totalmente impotente para cambiar un destino fuera de control y en espiral. Ahora suena un poco melodramático, pero así es como me sentía.

Mi misión era conseguir la nueva licencia para el vehículo antes de que se acabaran mis 65 días en este estado nuevo donde vivo ahora. Encontrar la oficina del Departamento de Vehículos Motorizados (situada en una esquina remota de un centro comercial al otro lado de la ciudad), había sido una hazaña en mi primera visita. La fila que salía por la gran puerta de cristal me había puesto sobre aviso. Pero esta era la cuarta vez que venía. En la primera ocasión, un empleado muy irritable me dijo que tendría que volver cuando tuviera mi permiso de conducir permanente, ya que el temporal era inaceptable.

Cuando llegó la licencia permanente, regresé sólo para que otro empleado insolente me dijera que tenía que llevar el título de propiedad mi auto. Volví a casa y saqué el título de la caja fuerte. En el tercer viaje me dijeron que el título era inaceptable porque tenía el nombre de mi marido y el mío. Cuando presenté el certificado de defunción, el empleado dijo que debía hablar con su supervisor». La espera fue larga hasta que el supervisor vino a informarme de que tendría que presentar cartas notariales del Condado de Tarrant, Texas.

De vuelta a casa, encontré el número de teléfono en Internet y llamé. Me dijeron que Carolina del Norte estaba equivocada y que llevara al DVA la copia certificada de «la orden de admisión del testamento como título de propiedad». Encontré dicho documento, volví y me puse en la fila. Le expliqué a la empleada que estaba allí para conseguir la licencia de mi automóvil en Carolina del Norte y le entregué mi pila de papeles. Echó un vistazo rápido y dijo: «Tengo que buscar a mi supervisor». Al cabo de unos minutos, la empleada regresó y me entregó la licencia del auto. Pero no me devolvió el título. Se lo pedí y me dijeron que me darían uno nuevo sin el nombre de mi marido. No entendía por qué no podía conservarlo hasta que llegara el nuevo en dos semanas. «No puede», me dijo la mujer y se marchó a toda prisa. Toda esta experiencia en el Departamento de Vehículos Motorizados profundizó mi sensación de pérdida y vulnerabilidad. Me senté en el automóvil y lloré.

Tras una noche agitada, me comí un tazón de avena y me dirigí a mi «silla de oración». Encendí la vela y comencé a leer cansadamente las escrituras y las meditaciones diarias. En *Jesus Calling: Enjoying Peace in His Presence* (*Jesús te llama: Ecuentra paz en su presencia*) de Sarah Young, encontré estas palabras:

«Tómate tiempo para *estar quieto* en Mi Presencia. Cuanto más agobiado te sientas, más necesitas este espacio sagrado de comunión conmigo. Respira lenta y profundamente. Relájate en Mi santa Presencia mientras *Mi Rostro brilla sobre ti.* Así es como recibes Mi Paz».*

Los nudos de ansiedad en el estómago, la dolorosa tensión en los músculos del cuello y los hombros y el dolor de cabeza por el estrés, fueron aliviando poco a poco su dominio sobre mi cuerpo y

---

*Sarah Young, *Jesus Calling: Enjoying Peace in His Presence* (Nashville, TN: Thomas Nelson, 2004), 300.

mi corazón. «El Señor vuelva su rostro hacia ti y te dé su paz». Con este mensaje, pude seguir adelante.

**ORACIÓN:** *Gracias, Señor, por venir a mí con palabras de aliento. Amén.*

**PENSAMIENTO DEL DÍA:** Dios camina a nuestro lado en todas las pruebas y nos trae la paz.

# DÍA DE SAN VALENTÍN
## Leer Efesios 3: 16 – 19

*«Y que así puedan comprender con todo el pueblo santo
cuán ancho, largo, alto y profundo es el amor de Cristo.
Pido, pues, que conozcan ese amor,
que es mucho más grande
que todo cuanto podemos conocer,
para que lleguen a colmarse
de la plenitud total de Dios».*

Efesios 3: 18 -19

Aunque hay muchas leyendas y tradiciones asociadas a San Valentín y a su día especial, me gusta una tradición popular que identifica a San Valentín como un antiguo obispo de Terni, una ciudad del centro de Italia. Mientras estaba arrestado por casar a parejas cristianas, discutió su fe y la validez de Jesús con su carcelero Asterius. El carcelero decidió poner a prueba a Valentín y le llevó a su hija ciega. Se hizo un trato: si la niña recuperaba la vista, Asterius debía destruir todos los dioses de la casa, ayunar durante tres días y bautizarse. Cuando la niña se curó, el carcelero obedeció. Su familia y otras 40 personas fueron bautizadas, y Asterius liberó a todos los presos cristianos bajo su autoridad.

Valentín fue arrestado de nuevo por negarse a adorar a los dioses paganos. Cuando intentó convencer al emperador Claudio II de que abrazara el cristianismo, el emperador condenó a Valentín a ser golpeado y decapitado. Cuenta la leyenda que el día de su ejecución -el 14 de febrero- dejó a la hija del carcelero una nota firmada: «Tu Valentín».

Este es mi primer día de San Valentín sin mi novio; un día que normalmente se celebra con flores, chocolates, cartas, tarjetas o regalos que expresan romance y devoción. Tengo un agujero en mi corazón ahora que se ha ido. Me duele. La ausencia de mi marido está muy presente hoy, pero sigo adelante, con el consuelo del Señor, aunque con el corazón un poco roto.

Mi primer año de viudez ha resultado ser una temporada de voluntad, desconcierto y vulnerabilidad. Siento que Dios me está vaciando, quitando todo, incluyendo mi ambición de servir, de ministrar, de hacer cualquier cosa. Me siento despojada, sin poseer nada, expuesta y sin expectativas. Sentada en un sillón cómodo envuelta en una manta de lana, mirando los copos de nieve grandes y húmedos por la ventana; espero. Espero algo, aunque hoy no haya nada que llene el vacío de mi corazón roto. La pena profunda y pesada evoca la idea de que la capacidad de amar conlleva la posibilidad de sufrir.

Pienso en San Valentín y en su amor por Jesús, que le ayudó a curar a una niña ciega y a arriesgar su cuello por la llamada de la Gran Comisión de enseñar, compartir la historia de amor de Dios y bautizar. Jesús amó, sufrió y redimió tan radicalmente que el misterio del corazón de Dios quedó expuesto y se ofreció a todas las personas. Espero que, de alguna manera, Dios pueda encontrar una forma de utilizar mi sufrimiento y mi dolor para abrir la puerta de mi corazón, de modo que pueda experimentar el amor a Dios y al prójimo más profundamente. No quiero negar mi dolor ni imaginar que puedo estar exenta de la pena. Adormecer mi corazón podría ser también trágico. Tal vez, con la ayuda de Dios, pueda dejar de centrarme en mi dolor y responder a la invitación de ser un regalo de San Valentín para alguien que necesita un corazón rojo pequeño hoy.

**ORACIÓN:** *Oh amor de Cristo que me llena de la plenitud de Dios y sana mi corazón roto, utiliza mi experiencia de dolor profundo para enseñarme a ser más amorosa. Amén.*

**PENSAMIENTO DEL DÍA:** A través de Cristo podemos aprender a amar incluso en medio del dolor.

# ¿YA HEMOS LLEGADO?
## Leer Josué 1:1-6, 9

*«Yo soy quien te manda que tengas valor y firmeza.*
*No tengas miedo ni te desanimes porque yo, tu Señor y Dios,*
*estaré contigo dondequiera que vayas».*
Josué 1: 9

La líder del taller nos dio instrucciones: «Tienen siete minutos para hacer una línea de tiempo de su vida». Rápidamente puse mi hoja de papel de lado y dibujé una línea horizontal de izquierda a derecha y empecé a etiquetar secciones: infancia, instituto, universidad, primer trabajo, matrimonio, llegada de los hijos, etc. Una progresión limpia y ordenada. Al final del ejercicio, la líder se levantó, se dirigió al caballete de papel de periódico y comenzó a dibujar una línea que hacía un espiral, garabateaba, zigzagueaba, corría de arriba a abajo, de un lado a otro. Nos dijo que su vida había sido caótica, similar a la de los israelitas que vagaron por el desierto durante 40 años mientras murmuraban sobre los melones egipcios, los puerros, los pepinos y los buenos tiempos. Han pasado 35 años desde aquel taller y ahora sé que la líder tenía toda la razón sobre cómo es la vida: a menudo desordenada, impredecible y con problemas. Moisés no llegó a entrar en la Tierra Prometida; el Mesías viajó en un burro y fue crucificado. Una sorpresa tras otra.

En muchas ocasiones he pensado que mi proceso a través del duelo es como una experiencia de desorientación en el desierto. He atravesado un año de «primeros»: primer Día del Padre, primer cumpleaños, primer Día de Acción de Gracias, primera Navidad, primer aniversario, primer Día de San Valentín y otros acontecimientos especiales que me hicieron pensar en mi amado y en su muerte. Dicen que el segundo año es mejor para la mayoría de la gente. En el tercer año muchas personas experimentan una mayor aceptación del hecho de que, aunque la vida nunca será igual, puede volver a ser buena. Pero no siempre. Sé de una viuda que llora con facilidad cuando habla de su esposo décadas después de su muerte. Otra se recluyó durante seis años. El duelo es personal, no hay dos personas que sobrelleven el duelo de la misma manera.

Durante un seminario de seis semanas ofrecido por mi consejera de duelo en el hospicio, recuerdo que repitió muchas veces que el duelo es un proceso lento y doloroso que no se puede apresurar. No podemos eludirlo, aunque muchas personas lo intenten con todo tipo de «analgésicos». Hay que pasar a través del duelo, no hay atajos. El ritmo puede depender de si el ser querido murió repentinamente o sufrió una larga enfermedad. Una mujer que conozco aceptó la muerte de su marido, pero hasta hoy no puede resolver el duelo asociado al asesinato de su hija. El duelo es un proceso muy subjetivo.

Nuestra cultura permite que los afligidos estén tristes en el funeral, pero en unas semanas o meses, lamentablemente, muchos familiares y amigos quieren que nos apresuremos a superar nuestra pena y depresión. Sin embargo, es durante el desierto de nuestro dolor cuando necesitamos entregarnos al proceso natural de curación que nos llevará a un lugar de resolución, renovación y paz. Vamos al desierto y experimentamos el dolor tal y como debe ser. En lugar de huir de él, estoy descubriendo que necesito un espacio cada día para ir al desierto, reconocer mis sentimientos y reflexionar sobre mi pérdida. Entonces puedo seguir adelante durante un tiempo antes de ir al desierto de nuevo.

¿Ya hemos llegado? ¿Está cerca el final de este peregrinaje a través del dolor? No, todavía no. Quizás siempre habrá una grieta en mi corazón. Mientras tanto, me aferro a las palabras del Señor a Josué y a los israelitas para que sean fuertes y valientes «porque yo, tu Señor y Dios, estaré contigo dondequiera que vayas». Caminamos juntos/as por el camino difícil.

**ORACIÓN:** *Ayúdame, Señor Dios, a encontrar consuelo en tu promesa de estar siempre conmigo. Amén.*

**PENSAMIENTO DEL DÍA:** Dios camina a nuestro lado a través de todas las dificultades y transiciones.

# DESHIELO EN PRIMAVERA

## Leer Isaías 35: 1 -2

*«Que se alegre el desierto, tierra seca;
que se llene de alegría, que florezca,
que produzca flores como el lirio,
que se llene de gozo y alegría».*

Isaías 35: 1 -2

El invierno ha sido frío, lluvioso, gris, lúgubre, helado. Hoy me siento helada y congelada en mi dolor. Ha comenzado la Cuaresma, ese período del año eclesiástico en el que entramos en un tiempo de autoexamen y penitencia, un período de 40 días que sigue el modelo de los 40 días que Jesús pasó en el desierto tras su bautismo. Me siento como a prueba en el desierto, pero me siento atrapada aquí indefinidamente. Ha pasado casi un año desde la muerte de Bob, y esperaba ser más feliz en este momento. Sigo en una lucha con muchos cambios, mucho dolor.

Esta mañana encontré una cita que había escrito en mi diario de un folleto de Cuaresma con meditaciones de los miembros de la Iglesia Episcopal de la Trinidad, en Fort Worth, Texas. Se trata de una meditación de Celia Ledbetter, y sus palabras me siguen atormentando: «Sabemos quiénes somos y adónde vamos. Hasta que... se produce una muerte, una enfermedad, una injusticia, y se pone en tela de juicio nuestra pequeña y confiada base de la vida. Y, por supuesto acudimos a la oración, ¡somos personas cristianas! Pero ¿qué pasa cuando no ocurre nada?».

Creo en lo más profundo de mi alma que mi dolor se suavizará, se descongelará algún día, pero en este momento lucho con los retos enormes de mudarme a un nuevo hogar en un nuevo estado mientras avanzo con una tristeza lenta. Me siento fuera de lugar, una extraña, un «arameo errante» (ver Deuteronomio 26:5) que está de viaje y añora su hogar. Mientras avanzo a duras penas en ambientes interiores y exteriores húmedos y fríos, mis pasos resbaladizos resuenan con un zumbido constante de «Espera, espera, espera». Me siento como un bulbo de narciso grande, feo, marrón y sin vida; enterrado profundamente en hielo. El profeta Isaías me recuerda que Dios está haciendo cosas nuevas incluso mientras camino por el desierto: «Que se alegre el desierto, tierra seca; que se llene de alegría, que florezca, que produzca flores como el lirio». Pero hoy parece que no pasa nada, la esperanza pende de un hilo frágil. ¿Qué pasa cuando no ocurre nada? Simplemente esperamos…

El duelo es un proceso difícil y lo que me dijo el consejero parece ser cierto: «El primer año es el más doloroso para la mayoría de la gente, y luego el dolor se vuelve menos intenso». Así que mi mantra es: Esperar, esperar, esperar en el Señor todo el tiempo que haga falta. Mis labios resecos y mi boca anhelan el agua que los apacigüe y, sin embargo, el desierto arenoso no produce más que un hilillo de lágrimas. Leo a Isaías y espero una transformación. Me digo a mí misma: Nell, permite que las gotas de lágrimas te sostengan hasta que llegue el deshielo de la primavera y dé paso a una época de amor y alegría desbordantes. Aguanta. Las promesas de Dios se cumplen a su debido tiempo. Así que deja de quejarte, cuenta las bendiciones. Confía en que el dolor se descongelará y pronto la ladera se cubrirá de narcisos dorados que bailarán con la brisa primaveral.

**ORACIÓN:** *Dios de la esperanza y la misericordia, Dios de las épocas de alegría y de tristeza, ayúdame a aferrarme a tu promesa de que se acerca un tiempo de alegría, aunque tenga que esperar y luchar con un dolor profundo y un espíritu congelado. Amén.*

**PENSAMIENTO PARA EL DÍA:** Las promesas de Dios se cumplen en su propio tiempo.

# SANACIÓN Y ESPERANZA

*«Pido al Dios de nuestro Señor
Jesucristo, al glorioso Padre,
que les conceda el don espiritual
de la sabiduría y se
manifieste a ustedes, para que
puedan conocerlo verdaderamente.
Pido que Dios les ilumine la
mente, para que sepan
cuál es la esperanza a la que
han sido llamados».*

EFESIOS 1: 17 - 18

# PROFESORA # 1

## Leer Mateo 5: 1 – 10

*«Cuando vio a las multitudes, subió a la ladera de una montaña y se sentó. Sus discípulos se le acercaron, y tomando él la palabra, comenzó a enseñarles ...».*
Mateo 5: 1 – 2, NVI

Unos 15 meses después de la muerte de Bob, me di cuenta de que estaba inmersa en una especie de crisis de identidad porque ya no era la esposa y la cuidadora. Mis hijos habían crecido, mis nietos habían crecido y algunos se habían casado, mi madre estaba bien cuidada y felizmente instalada en una residencia asistida, y mis responsabilidades (excepto hacia mí misma) habían desaparecido en su mayor parte. Me mudé a una ciudad y un estado nuevo para estar cerca de la familia y me instalé en un condominio en el campo. Durante los segundos seis meses después de la muerte de Bob, estuve muy ocupada con la mudanza, cosiendo cortinas y almohadas, decorando y sumergiéndome en una «fase de anidación» para construir un nuevo hogar para mí y para mi perra Molly.

Pero después de esa «fase de anidamiento», luché de nuevo para encontrar mi identidad. Pensé en quién era antes de ser esposa, madre, abuela, bibliotecaria y educadora de la iglesia. ¿Qué tipo de sueños tenía? ¿Dónde había encontrado mi «felicidad»? ¿Qué quería hacer con el resto de mi vida? Una noche hablé de esto con otra viuda durante la cena. Tenía un trabajo a tiempo completo, pero estaba haciendo un curso de historia porque siempre le había gustado la historia. Otra amiga había tomado clases de piano por primera vez en su vida.

Un aspecto acerca de mi identidad había quedado claro: yo era una mujer de iglesia que necesitaba un hogar eclesiástico. Me llevó un tiempo descubrir una iglesia que «encajara», pero una vez que me comprometí con mi nueva iglesia, lo hice completamente. Como antigua educadora profesional de la iglesia, sabía que las personas voluntarias son necesarias y bienvenidas. Respondí a la solicitud para formar parte del Comité de Educación.

Me gusta enseñar y aprender, así que anuncié que estaría dispuesta a enseñar o facilitar donde hubiera necesidad. Unas semanas más tarde recibí una llamada de la oficina de la iglesia, en la que me decían que una mujer había preguntado si había alguien que pudiera ir a su comunidad de personas jubiladas y ofrecer un estudio bíblico. Por lo general, asisten cinco personas, todas ellas ávidas de estudio.

En la primera reunión pregunté a las personas del grupo qué querían estudiar. Algunas querían estudiar los Evangelios, otras el Antiguo Testamento, otras no tenían opinión. Sugerí que estudiáramos Mateo como una solución de compromiso, ya que es un Evangelio que contiene más de 60 citas del Antiguo Testamento. El libro de Mateo está diseñado para enseñar las conexiones entre las escrituras hebreas, las profecías y Jesús, el Mesías. La elección parece haber sido inspiradora, y el grupo de estudiantes ha sido fiel y ha estado comprometido en la preparación y el estudio. Mateo ha sido llamado como «El Evangelio del Maestro» porque el Evangelio consta de cinco discursos organizados de las enseñanzas de Jesús. Mientras me preparaba para dirigir el estudio bíblico, sentí una invitación a profundizar en mi fe. Había encontrado mi felicidad.

El grupo de estudiantes me agradece profusamente después de cada sesión. La última noche me conmovió profundamente un regalo de San Valentín de dos estudiantes: una caja con la etiqueta «Profesora # 1» que contenía una manzana hueca de chocolate con leche envuelta en papel de aluminio rojo con una hoja de papel de aluminio verde. Siento que estoy haciendo una diferencia en sus vidas mientras vivo lo que estoy destinada a ser.

**ORACIÓN:** *Gracias, Jesús, Mesías, Maestro, por las conexiones que estoy haciendo con otras personas y contigo a través del poder del estudio de la Biblia. Amén.*

**PENSAMIENTO DEL DÍA:** ¿Cómo se nos invita a profundizar en nuestra fe?

# FRÍO DEPRESIVO

## Leer Juan 15: 9 – 11

*«Yo los amo a ustedes como el Padre me ama a mí;
permanezcan, pues, en el amor que les tengo».*

Juan 15:9

Brrrrr, brrrr, brrr, hace un frío terrible. La tormenta invernal llegó ayer por el sur y en tres horas había 38 centímetros de nieve blanca que lo cubrían todo. Se declaró el estado de emergencia. Las condiciones eran tan peligrosas que el partido de baloncesto masculino entre los equipos de Duke y Carolina tuvo que ser reprogramado porque los autobuses no podían salir. ¡Qué frío! Hoy se ha aconsejado a todas las personas que se queden de nuevo en casa y la segunda ola de nieve, aguanieve y hielo ha comenzado hace una hora. Afortunadamente, todavía tengo electricidad, pero con la acumulación de más hielo en los árboles, podría cambiar mi buena suerte. La pérdida de energía significará la pérdida de la calefacción. Eso traería una doble dosis de «frío depresivo».

Este invierno ha sido excepcionalmente frío, con una ola de tormentas invernales tras otra en muchos sectores del país. Las temperaturas han estado por debajo del punto de congelación y el sol ha sido escaso. Normalmente tengo que luchar contra la depresión cada enero, pero este invierno ha prolongado ese desafío hasta febrero. La falta de sol, el encierro de la cabaña, las oportunidades escasas de socializar, el frío en las manos y la nariz, las capas de ropa... estos problemas han fomentado un espíritu inquieto que anhela una charla junto al fuego con una taza de chocolate caliente con mi difunto marido. Pero no será así.

Anoche me envolví en un edredón y terminé de leer un libro muy perspicaz de William Bridges titulado *Transitions: Making Sense* *of Life's Changes* (*Transiciones: Encontrar sentido a los cambios de la vida*). Bridges habla de la inevitabilidad del cambio y ofrece estrategias para entender los momentos difíciles y confusos de nuestras vidas. Según Bridges, las transiciones tienen tres secciones: finales, zonas neutras y comienzos nuevos. Siento que he pasado por la mayoría de las fases en la despedida de mi esposo, de mi antigua identidad como esposa y cuidadora, de mi antiguo hogar con él en Texas, de nuestra familia de la iglesia, de nuestros vecinos, de mi vida tal y como la había conocido. Esta mañana, mientras estoy sentada (todavía envuelta en un edredón) mirando el país de las maravillas del invierno (sin sol que lo haga brillar), se me ocurre que estoy en esa «zona neutral» que Bridges describe como el segundo obstáculo de la transición: un tiempo muerto aparentemente improductivo en el que me siento desconectada del pasado y emocionalmente desconectada del presente. Bridges describe su experiencia de la etapa neutra de esta manera: «Me había desprendido del caparazón de mi antigua identidad como una langosta, y me quedaba cerca de las rocas porque todavía era blando y vulnerable. Con el tiempo tendría una identidad nueva y más ajustada, pero por ahora tendría que ir un poco despacio».*

El invierno es un tiempo inactivo en el que todo parece dormido, quieto, sin vida, lento. Ahí es donde me encuentro hoy. Y, sin embargo, recuerdo las palabras que Jesús dirigió a sus discípulos durante su última cena juntos: «Permaneced en mi amor». Esta frase significa más que una simple perseverancia. Me aferro a la mano de Dios y confío en que el silencio, el tiempo de quietud y la calma están trabajando hacia una reorientación del servicio amoroso en el mundo de Dios. Mientras me rindo al «frío depresivo», me encuentro sintiéndome «blanda y vulnerable». Sin embargo, permanezco y espero.

---

*William Bridges, *Transitions: Making Sense of Life's Changes*, 2nd ed. (Cambridge, MA: Da Capo Press/Perseus Books, 2004), 117.

**ORACIÓN:** *Dios de la ayuda siempre presente en tiempos de transición y cambio, ven a sentarte conmigo y susurrar en mi oído palabras de amor reconfortante que den calor a mi corazón y mi mente en el invierno de mi vida. Amén.*

**PENSAMIENTO DEL DÍA:** Sin importar cual sea la temporada, podemos encontrar consuelo en el amor de Dios.

# MANTÉN TU MANO EN EL ARADO
## Leer 2ª Timoteo 3: 10 – 17

*«Toda la Escritura es inspirada por Dios y útil para enseñar, para reprender, para corregir y para instruir en la justicia».*

2ª A Timoteo 3:16, NIV

Mantén la mano en el arado, aguanta, aguanta.
Nora dijo que habías perdido la pista,
No se puede arar en línea recta y seguir mirando hacia atrás.

Si quieres llegar al cielo déjame decirte cómo,
Sólo mantén tu mano en el arado del evangelio.
…
¡Aguanta! ¡Oh, hermano, aguanta!
¡Aguanta! ¡Oh, hermana, aguanta!

—Espiritual tradicional

Las armonías maravillosas de 80 voces corales llenaron la capilla abovedada con sonidos conmovedores y ritmos oscilantes de un cántico espiritual antiguo. La congregación comenzó a balancearse, las sonrisas aparecieron en los rostros. La congregación cobró vida —perdida en la maravilla, el amor y la alabanza— en la presencia del Señor.

Esa misma tarde, pensé en las palabras del mensaje del ofertorio («Mantén tu mano en el arado del Evangelio») mientras empezaba a preparar un estudio bíblico a mitad de semana. Las escrituras y las meditaciones diarias me sostienen realmente. El tiempo en mi pequeño «sillón de oración» hace que mi corazón y mi mente se dirijan cada mañana a mi Creador y Redentor. No creo que hubiera podido pasar un solo día sin esa disciplina, y ciertamente no hubiera podido pasar los días de dolor fuerte de los últimos años. Incluso durante esos meses difíciles en los que sabía que la salud de mi marido se deterioraba, volvía a mi Biblia y a mis oraciones para recordar la buena noticia de que somos amados y amadas por Dios y que Él tiene un plan de gracia maravilloso y salvador. Me aferré al arado, incluso cuando dudaba y no estaba segura de su eficacia.

El estudio de la Biblia con un grupo de buscadores siempre ha sido una de mis actividades favoritas. Cuando la salud de Bob empeoró gravemente en los últimos meses de su vida, me retiré de mi grupo de estudio. No quería dejarlo solo ni una sola noche. También estaba agotada simplemente tratando de atravesar cada día. Un año después de su muerte, me di cuenta de que uno de los componentes que me faltaba para seguir adelante con mi vida en mi nueva comunidad era un grupo de estudio. Probé varios grupos de estudio hasta que me enteré de que la iglesia que visitaba, tenía un estudio bíblico que utilizaba exactamente el mismo libro que yo utilizaba cuando había abandonado mi grupo de estudio18 meses antes. Sin mirar atrás, me aferré a ese arado del Evangelio con nuevos hermanos y hermanas cristianos que también se aferraban a sus arados. Mi dolor se suavizó inmediatamente.

Necesitamos una comunidad, especialmente en tiempos de crisis no deseada. Necesitamos la Palabra inspirada por Dios, las Escrituras. Cuando leemos o estudiamos, guardamos la Palabra de Dios en nuestros corazones y la utilizamos para guiar nuestros pasos, la Palabra se convierte en la voz que habla del amor y la misericordia constantes de Dios. Ahora soy facilitadora en un grupo bíblico y cada sesión comienza encendiendo una vela blanca mientras digo: «Tu palabra es una lámpara para [nuestros] pies, y una luz para [nuestro] camino» (Salmo 119:105, RVC). Luego decimos juntos: «La luz de Cristo ha venido al mundo». Abrimos nuestras Biblias y tomamos el arado de las buenas noticias.

**ORACIÓN:** *Dios todopoderoso, mientras me inspiras a través de las Escrituras, enséñame a seguirte con un corazón amoroso y una voluntad obediente. Que pueda arar directamente hacia la Tierra Prometida con mi comunidad de hermanos y hermanas cristianos, todo para la gloria de tu nombre. Amén.*

**PENSAMIENTO DEL DÍA:** La Escritura nos enseña que somos hijos e hijas amados de Dios.

# LUKE

## Leer el Salmo 89: 1- 4

*«Oh Señor, por siempre cantaré la grandeza
de tu amor; por todas las generaciones
proclamará mi boca tu fidelidad»*

Salmo 89: 1

Mi marido estaba eufórico con la noticia de que Ellen, una nieta, y su marido estaban esperando un bebé. Dio gracias a Dios por el privilegio de ser bisabuelo. Pero entonces su salud empezó a decaer, ingresó en un centro de cuidados paliativos y poco después murió. No llegaría a sostener en sus brazos al primogénito de la nueva generación.

Poco después en el servicio fúnebre en memoria de Bob, Ellen sufrió un aborto y el dolor de mi familia se agravó. Comenzaron las oraciones por la recuperación y por otro bebé. Nadie mencionó la situación, pero el corazón se nos volcó. Y entonces llegó la maravillosa noticia de otro embarazo. Oraba fervientemente cada mañana y mi hijastra (y futura abuela) reportaba que todo iba bien.

Emocionada, viajé a Texas con otros familiares para la lluvia de bebé de Ellen. Tuvimos una reunión muy alegre. La esperanza y los corazones alegres desbordaban cada rincón del espacio que rodeaba a los futuros padres, la familia y las amistades. Los regalos fueron generosos y bien pensados, cada uno de ellos expresaba amor y afecto. Tres generaciones se reunieron para apoyar y preparar con alegría la llegada de la cuarta generación. Luke nació la mañana del 14 de septiembre de 2013, un niño sano. El parto estuvo bien. Ahora soy bisabuela y mi gran esperanza es que de alguna manera Bob sepa del pequeño y que nuestras oraciones han sido respondidas.

La llegada de Luke me hizo acudir a mi diario para expresar mi alegría y también mi pesar por el hecho de que Bob nunca tendría a este niño en sus brazos. Entonces me puse a pensar sobre el regalo que Luke sería para el mundo y cómo somos regalos los unos para los otros. Pensé en la inocencia de un niño y en cómo la vida puede golpear nuestros corazones y nuestro espíritu. Oro por el pequeño Luke. Oro por mí y por las demás personas que pasan por duelos. Oro para que cuidemos al niño o niña que llevamos dentro. Que podamos dar a luz una sabiduría moldeada a partir de nuestro dolor. Que pidamos renovación en nuestras vidas solitarias para poder ofrecernos con valentía como dones y bendiciones al mundo. Y cantemos en unión una canción de la fidelidad del Señor a todas las generaciones en este día y siempre.

**ORACIÓN:** *Dios firme y compasivo, nuestro Padre, muéstrame este día una manera de expresar amor, ánimo y afirmación a alguien que necesita el don de la esperanza. Amén.*

**PENSAMIENTO DEL DÍA:** Damos gracias a Dios por los niños y niñas y la esperanza que traen al mundo.

# EL ÁRBOL DE CEREZO

## Leer Marcos 15: 16 – 20

*«Le pusieron una capa de color rojo oscuro,
trenzaron una corona de espinas y se la pusieron».*

Marcos 15: 17

Los bosques cercanos a la casa de mi infancia en Mississippi me proporcionaban un maravilloso patio de recreo entre los pinos altos y majestuosos de la región y los árboles más bajos de hojas perennes. Me fascinaban especialmente los cambios estacionales de los cerezos: la floración en primavera, el enrojecimiento de las hojas en otoño y la aparición de racimos de bayas brillantes ovoides de color rojo rubí en invierno. Esto era realmente milagroso para mi espíritu infantil inquieto.

Esa sensación de asombro regresó cuando di un paseo por el bosque cerca de mi casa de Carolina del Norte. Enclavado entre pinos altísimos, vi un pequeño cerezo desnudo con racimos de bayas rojas brillantes. «La leyenda del cornejo», que aprendí en la clase de tercer grado de la escuela dominical de la señorita Olsen, me vino a la mente mientras paseaba hacia mi casa.

La Biblia no nos dice qué tipo de madera se utilizó para la cruz en la que fue crucificado Jesús, y la historia romana no entra en detalles sobre la construcción de la cruz. Pero la leyenda afirma que, en la época de Jesús, el cerezo crecía hasta alcanzar el tamaño del roble y otros árboles del bosque. Como su madera era tan fuerte, se eligió su madera para la cruz de Jesús. El árbol agonizó cuando supo que iba a ser utilizado para un propósito tan cruel. Jesús sintió la tristeza del árbol por su crucifixión e hizo una promesa al árbol de cerezas de que, a partir de ese día, su tronco y sus ramas se doblarían y retorcerían y serían demasiado pequeños para producir una cruz.

Jesús decretó que las flores del cerezo tendrían la forma de una cruz con dos pétalos largos y dos cortos. El borde de cada pétalo mostraría las huellas de las clavijas, de color marrón con óxido y manchadas de sangre. El centro de la flor tendría el aspecto de una corona de espinas. Las frutas simbolizarían las gotas de sangre derramadas para la redención del mundo.

Analicé aquel cornejo pequeño de corteza marrón y escamosa y miré de cerca los racimos de bayas que brillaban al sol. Los recuerdos de la «corona de espinas» de mi marido —nombre que usábamos para el cuello metálico horrible que usó en tres ocasiones diferentes, luego de sus operaciones de cuello— me hacían llorar. Bob tenía cicatrices profundas permanentes en el lugar donde se le clavaron los tornillos en el cráneo para mantener esa jaula horrible en su sitio. Uno de mis retos era limpiar las gotas de sangre de alrededor de los tornillos. El tiempo no ha suavizado esos recuerdos.

Como el cerezo de la leyenda, sentí tanta tristeza y empatía por mi marido con su dolor crónico. Él también era un hombre de dolor y sufrimiento. Tanto mi Señor como Bob me inspiran el valor de perseverar. Y así avanzo desde la infancia hasta la viudez con la conciencia de que el amor de Dios se desarrolla en los ciclos vitales de un cerezo humilde y en el peregrinaje de mi propio espíritu.

**ORACIÓN:** *Portador del dolor, Señor de la vida y del amor, derrama sobre mí la conciencia de tu presencia en todos los aspectos de mi vida cada día. Gracias por las maravillas de la naturaleza y los dones de las relaciones queridas. Amén.*

**PENSAMIENTO DEL DÍA:** Vemos la obra redentora del amor en la Cruz.

# EL BÚHO

### Leer Colosenses 2: 2-5

*«Pues aunque no estoy presente entre ustedes*
*en persona, lo estoy en espíritu».*
Colosenses 2: 5

Molly, nuestra perra rescatada, y yo nos mudamos a un condominio en los bosques de Carolina del Norte después de la muerte de Bob. El paseo al atardecer se convirtió en una parte favorita de nuestra rutina y nos ayudó con el episodio de dolor que a menudo se producía a la hora de la cena. Sentarse a la mesa a solas puede ser una transición difícil.

En uno de esos paseos, unos meses después de que nos mudáramos, tuve la extraña sensación de ser observada. Miré a mi alrededor. En la rama baja de un árbol, a pocos metros, estaba sentada una magnífica criatura emplumada con grandes ojos amarillos en medio de discos faciales dorados. Nos miramos fijamente en una especie de interrogación que susurraba: «¿No te conozco de alguna parte?». Molly tiró de su correa y seguimos caminando mientras aquellos ojos increíbles observaban cada uno de nuestros pasos.

Cuando Molly y yo volvimos a cruzarnos con el búho de camino a casa, este nos observó de nuevo silenciosamente. De manera apenas audible, dije: «Sr. Noonan, ¿es usted? ¿Nos está observando? ¿Nos está guiando desde el cielo con su sabiduría y protegiéndonos de cualquier daño en nuestro nuevo hogar? Eso espero». Un pensamiento extraño y tremendamente reconfortante: mi difunto marido presente en mi vida de alguna manera.

Pasaron dos o tres meses sin ver al búho. Y entonces, de repente, volví a tener esa experiencia de gracia cuando lo vi observándonos a Molly y a mí. A veces, durante el recorrido, oigo unos graznidos bajos, sonoros y lejanos que llaman a un compañero, quizá a mí. Estos encuentros intrigantes me llevaron a buscar más información sobre los búhos. Me enteré de que, en muchas interpretaciones de los sueños de varias culturas, el búho puede representar a un miembro de la familia fallecido y se asocia a menudo con las almas que se han ido. Un significado tradicional del búho es el anuncio de la muerte, no de forma aterradora, sino como símbolo de una transición vital. Puede significar la muerte física o la entrada en una «vida nueva». El búho también puede ofrecer la inspiración y la guía necesarias para explorar lo desconocido y el misterio de la vida.

La carta de Pablo a la iglesia de Colosas contenía las palabras alentadoras de que estaba ausente en cuerpo, pero no en espíritu. Bob ya no está conmigo y, sin embargo, siento que nuestra alianza de amor está en mi corazón, motivándome a seguir adelante. El búho del bosque también me acompaña y me recuerda la presencia de Dios, que siempre vigila, guía, ama y sorprende con un suave *huu, huu-huu, huu.*

**ORACIÓN:** *Oh Espíritu Divino de la Creación, fuente de grandes aprendizajes y nuevos descubrimientos, enséñame a no temer las transiciones de la vida, sino a confiar en tu amor abundante. Que, por lo tanto, con el don de la memoria, camine a través de mis días con gratitud por todos los eventos de mi vida. Amén.*

**PENSAMIENTO DEL DÍA:** Dios siempre vela por todas las personas.

# UNA NUEZ DURA
## Leer Génesis 2: 4 - 9

*«Dios el Señor plantó un jardín al oriente del Edén,
y allí puso al hombre que había formado.
Dios el Señor hizo que creciera toda clase de árboles
hermosos, los cuales daban frutos buenos y apetecibles».*
Génesis 2: 8 – 9, NVI

Me di cuenta de que había algo que parecía una pequeña esfera de color marrón terroso encima de un parche de musgo verde grisáceo junto al camino por el que paseábamos mi perra Molly y yo. Con la curiosidad de saber qué era esa esfera pequeña (de unos dos centímetros de diámetro), me agaché y la recogí. La superficie era dura y estaba muy marcada. Entonces le di la vuelta y descubrí que el objeto era la mitad de una nuez, que más tarde identifiqué como el fruto de un nogal oscuro. El interior de la nuez agrietada contenía un trozo de color tostado claro, con forma de corazón. Estaba atravesada por dos agujeros ovalados que parecían los ojos de una cara.

Ese mismo día había estado leyendo *The Unwanted Gift of Grief: A Ministry Approach* (*El regalo no deseado del dolor: Un enfoque ministerial*), escrito por Tim P. VanDuivendyk. Mi consejero de duelo me obsequió el libro, y ha tenido una influencia enormemente útil en mi peregrinaje a través de la viudez. VanDuivendyk afirma lo siguiente:

> «Cuando perdemos a alguien por la muerte, una parte de nuestra identidad se pierde y tiene que volver a formarse durante un largo periodo de sanación y transformación. Tenemos que diferenciarnos de esa persona amada y de la

vida que tuvimos juntos para poder sanar y seguir con nuestras vidas. Lo hacemos interiorizando el amor de esa persona y llevándola con nosotros al recrear una vida nueva».*

Sabía que esa pequeña nuez era un recordatorio de un Creador benévolo y bondadoso de que el amor (el mío, el de Bob, el nuestro, el de Dios) alcanza todo lo que fue, es y será. Ese momento fue un regalo de Dios.

Más tarde, mientras reflexionaba sobre la lección de la pequeña nuez, recordé las lecturas de una escritora del siglo XIV llamada Juliana de Norwich. En el quinto capítulo de *The Revelations of Divine Love*† (*Las revelaciones del amor divino*), escribe esto:

«Y en esto me mostró algo pequeño,
   no mayor que una avellana,
   en la palma de mi mano, según me pareció;
   era redondo como una bolita.

«Lo miré con el ojo de mi entendimiento y pensé:
   "¿Qué puede ser?". Se me respondió, de
manera general. "Es todo lo que ha sido creado".

«Me quedé asombrada de que pudiera durar,
   pues una cosa tan insignificante, pensaba yo,
   podía desvanecerse en un instante.
«Y se me respondió en mi entendimiento:

---

*Tim P. VanDuivendyk, *The Unwanted Gift of Grief: A Ministry Approach* (Nueva York: Haworth Pastoral Press, 2006), 47.
†Padre Juan-Julián, ed. y trans., *A Lesson of Love: the Revelations of Julian of Norwich* (Nueva York: Walker and Company, 1988), 11-12.

> "Permanece y permanecerá siempre,
> porque Dios lo ama; de este modo,
> todo tiene su ser a través del amor de Dios"».*

Dios debe deleitarse realmente con las sorpresas. ¿Quién si no Él, enviaría una nota de amor en una nuez dura y pequeña?

**ORACIÓN:** *Dios de los dones abundantes, abre mis ojos y mi corazón para encontrar las revelaciones sencillas de amor que ofreces cada día. Amén.*

**PENSAMIENTO DEL DÍA:** Abre nuestros ojos para ver los regalos sencillos del amor de Dios.

---

*Libro de visiones y revelaciones de Juliana de Norwich Edición y traducción de María Tabuyo. © Editorial Trotta, S.A., 2002 Ferraz, 55. 28008 Madrid.

# LOS ANILLOS
## Leer Romanos 8: 15 – 17 y 1ª de Pedro 3: 4

*«Por este Espíritu nos dirigimos a Dios, diciendo:*
*"¡Abbá! ¡Padre!" Y este mismo Espíritu se une a nuestro*
*espíritu para dar testimonio de que ya somos hijos de Dios».*
Romanos 8: 15 – 16

*«Sino en lo íntimo del corazón, en la belleza incorruptible*
*de un espíritu suave y tranquilo.*
*Esta belleza vale mucho delante de Dios».*
1ª de Pedro 3: 4

Como seres humanos, luchamos con dos temas durante toda la vida sin importar la edad o la etapa en la que nos encontremos (tanto si tenemos uno o 101 años) ni tampoco si tenemos pareja o no, si nos hemos divorciado o si nuestra pareja ha fallecido. El primero es la identidad: ¿Quién soy? ¿Qué es lo que me da valor y convicción? Y el segundo es el propósito: ¿Por qué estoy aquí? ¿Qué voy a hacer con mi vida? Los acontecimientos y las experiencias que cambian la vida, como el cuidado de un familiar y la pérdida de un ser querido, chocan con estas problemáticas de forma catastrófica. Dejé mi trabajo y pasé siete años al cuidado de mi esposo, enfermo crónico. Me identifiqué como esposa y cuidadora. Cuidar de Bob se convirtió en mi trabajo, en mi vocación, en mi propósito, en mi valor: ser una ayudante abnegada «hasta que la muerte nos separe».

Varias amigas viudas me dijeron que el primer año de la viudez es el más difícil, que el dolor se aliviaría en los años posteriores, que la alegría volvería. Ahora que han transcurrido 17 meses desde la muerte de Bob, puedo decir que eso ha sido cierto para mí. Supongo que siempre habrá un vacío en mi corazón y, ocasionalmente, «pequeños baches de dolor» me tomarán por sorpresa, pero camino más ligera. Algunos días salto, brinco y bailo. No cuento las pérdidas. Siguiendo el consejo de mi madre de 95 años, que fue viuda durante muchos tiempo, cuento mis bendiciones y he descubierto que son extravagantemente abundantes.

Una de esas bendiciones me llegó sigilosamente y apareció en mi diario esta semana. Me di cuenta de que ahora tengo una libertad en mi soledad para ser yo. Ya no soy la cuidadora. Ya no soy la esposa de alguien. Puedo ver lo que quiera en la televisión y comer todo lo que se me antoje. La carga de lavandería, las tareas domésticas y las visitas al médico se han reducido. La decoración de mi casa nueva tiene un toque femenino fuerte y ya no tiene que adaptarse para las sillas de ruedas motorizadas y equipos médicos. Tengo más tiempo para reflexionar, para estar en silencio, para prestar atención a mi interior. Me gusta.

He hablado con otras viudas sobre su decisión de seguir llevando un anillo de boda o de compromiso. Sus respuestas han sido variadas. Algunas los guardan y no los llevan después de la muerte de sus maridos. Otras los colocan en una cadena y los llevan como collar. Algunas decidieron llevarlos el resto de su vida y otras optaron por llevarlos en la mano derecha. Yo me debatí sobre qué hacer. Hace unos días tomé la decisión de honrar mi matrimonio y al mismo tiempo honrar mi sentido emergente del «yo». Llevo los anillos en la mano derecha. Al principio me resultaba extraño, pero ya no. Mi dedo anular vacío simboliza el hecho de ser simplemente una hija de Dios, preciosa a los ojos de Dios y de nadie más: porque esa es la realización en sí misma.

**ORACIÓN:** *Dios bueno y bondadoso, tú me amas y aceptas en todas las edades y etapas. Bendice mis esfuerzos por comprender lo que significa estar sola y libre para ser yo misma, sin un esposo y sin las responsabili-*

*dades del matrimonio. Concédeme sabiduría en mi toma de decisiones. Amén.*

**PENSAMIENTO DEL DÍA:** Dediquemos tiempo a estar en silencio y prestar atención a nuestro interior.

# TOMATES Y COLIBRÍES

### Leer el Salmo 69: 30 -32

*«Al ver esto, se alegrarán los afligidos*
*y se animará el corazón de los que buscan a Dios».*
Salmo 69: 32

Después de una sesión de ejercicios para adultos mayores en el gimnasio, decidí celebrar ese día hermoso de primavera con una parada en el centro de jardinería. Tenía previsto comprar plantas de repuesto para la cesta que había junto a la puerta de mi casa. El invierno había maltratado las flores tiernas de una manera que me recordaba mi propia vulnerabilidad ante el frío desierto de mi viudez. El día soleado de primavera trajo un poco de vida nueva, un poco de descongelación en la gélida garra del dolor profundo. Aunque lloro mis pérdidas, sigo aprendiendo a vivir sola, aprendiendo a vivir de nuevo. Me inclino hacia un camino de sabiduría humilde que me impone la viudez. Para mi asombro, me sorprendí cantando desde un corazón agradecido.

Por un momento de aquella tarde, incluso di gracias a Dios por mi peregrinaje doloroso y desconcertante. La experiencia de perder a un cónyuge querido es un maestro exigente. El duelo me invita cada día a aprender sobre la profundidad de mi fe y la amplitud del amor de Dios. Me invita a descubrir más sobre mí misma y mi valor como hija de Dios. Despojada de mi papel de esposa, puedo estar en la auténtica sencillez de una relación de amor con Dios. Semejante validación y afirmación me deja perpleja.

En la tienda de jardinería compré una gran maceta de arcilla y una planta de tomate fuerte y sana con algunas florecillas amarillas. Luego vi comederos para colibríes y decidí comprar uno. De vuelta a casa, preparé un poco de néctar con agua y azúcar y coloqué rápidamente mis compras en la terraza. El sol me calentó la cara y me alegró el corazón mientras me sentaba en mi silla de plástico azul turquesa a admirar mi entorno.

Soñaba con tomates grandes, rojos y deliciosos para los sándwiches, y anticipaba la llegada de pájaros pequeños verdes iridiscentes con manchas de garganta de rubí que se lanzaban y revoloteaban alrededor de mi nuevo comedero para colibríes. Mi aprecio por la magnificencia del universo llegó como un regalo primaveral después de meses de perseverancia tenaz y de un paso a menudo desconcertante por mi primer invierno de dolor.

**ORACIÓN:** *Dios bondadoso, me revelas tu amor a través de regalos simples de rayos de sol, plantas de tomate y colibríes. Puede que esta noche vuelva a llorar cuando esté en mi cama vacía, pero tú reconfortarás mi alma y me invitarás a descansar en paz y a tener esperanza en el mañana. Gracias. Amén.*

**PENSAMIENTO PARA EL DÍA:** ¿Cómo nos ofrece Dios los dones hoy?

# ZAPATILLAS DE PLATA

Leer 1ª de los Tesalonicenses 5: 23

*«Que Dios mismo, el Dios de paz, los haga*
*a ustedes perfectamente santos,*
*y les conserve todo su ser, espíritu, alma*
*y cuerpo, sin defecto alguno,*
*para la venida de nuestro Señor Jesucristo».*

1ª Tesalonicenses 5: 23

El instructor alto, delgado y canoso se subió a la plataforma baja en la parte delantera de la gran sala; inició la música y dijo: «Buenos días a todos. Es hora de aumentar el ritmo cardíaco». Con esa indicación, unos 40 ancianos sentados en sillas empezaron a mover los brazos y a mover las piernas al ritmo de la canción «You Make Me Feel So Young» (Me haces sentir muy joven). La sesión de 55 minutos incluía trabajo con pesas, pelotas de baloncesto y bandas elásticas, además de algunos movimientos aeróbicos. A menudo, el entrenador simpático hacia bromas a los adultos mayores durante el entrenamiento. «¿Hasta dónde puedes llegar? ¿Puedes seguir el ritmo de Bill? Estás bailando ahí abajo». Lo sorprendente de la destreza de Bill era su edad: tiene 87 años.

Cuando llegó enero, ocho meses después de la muerte de Bob, mi principal propósito de Año Nuevo era encontrar y participar regularmente en un programa de ejercicios. Al igual que muchas otras personas que cuidan de un cónyuge moribundo, yo era culpable de autodescuido. Incluso había esperado tanto para operarme de la retina durante los meses en que mi marido fue operado cuatro veces, que ahora vivo con una visión borrosa permanente en mi ojo derecho. Cuando vivimos días de «vida o muerte», lo último en lo que pensamos es en una calidad de visión poco nítida. Tal es la consecuencia de haberme descuidado.

Cumplí mi propósito y qué diferencia está marcando el programa para adultos mayores SilverSneakers (Zapatillas de plata) en mi vida. Una búsqueda en Internet me llevó a este programa divertido y energizante que ayuda a los adultos mayores a tomar un mayor control de su salud fomentando la actividad física y los seminarios educativos. Los planes de salud de todo el país, incluido el mío, ofrecen este programa galardonado a las personas con derecho a Medicare de *forma gratuita*. Los beneficios incluyen la afiliación al centro de fitness con acceso a todos los programas y equipos. Las clases para mayores, que se imparten tres veces por semana, están pensadas para personas mayores que quieren mejorar su fuerza, equilibrio, resistencia y flexibilidad. Nuestro monitor, un hombre atento y amable, conoce a cada participante por su nombre y se interesa por su bienestar. Es tan querido por sus alumnos adultos mayores que sus clases están siempre llenas al máximo.

Cuando entré en el gimnasio mi primer día, una mujer llamada Myrtle se acercó y me tomó bajo su protección. Me enseñó lo que tenía que hacer, colocó una silla junto a la suya y me ayudó a encontrar pesas, una pelota de baloncesto y bandas elásticas. Nos hicimos amigas al instante, y mi círculo de amistades sigue creciendo. A menudo, después de las clases, cinco o hasta diez personas del grupo salimos a comer a un restaurante. Oramos, contamos historias y compartimos nuestras increíbles experiencias vitales.

Cuando yo, una viuda solitaria que luchaba por construir una nueva vida, decidí honrar mi cuerpo inscribiéndome en el programa *SilverSneakers* (*Zaptillas de plata*), descubrí beneficios que superaron con creces mis expectativas. Mi cuerpo se está fortaleciendo, pero lo más importante es que he encontrado amistades que también aman al Señor.

**ORACIÓN:** *Dios bondadoso y generoso, ayúdame a cuidar mi cuerpo de manera que te honre. Gracias por los regalos de la diversión y las amistades que comparten mi búsqueda de un estilo de vida saludable. Amén.*

**PENSAMIENTO DEL DÍA:** Podemos servir a Dios al cuidar nuestro cuerpo.

# CUIDADO DEL AUTOMÓVIL

## Leer 1ª a los Corintios 6: 19 – 20

*«¿No saben ustedes que su cuerpo es
templo del Espíritu Santo
que Dios les ha dado, y que el Espíritu
Santo vive en ustedes»?*

1ª a los Corintios 6: 19

Solo un gestor de flotas que vendía miles de coches y camiones de policía de todos los tamaños pensaría en términos de administración de vehículos, pero eso es precisamente lo que hacía mi marido para ganarse la vida. Mientras conducíamos por la autopista, Bob comentaba sobre los ejes de los camiones y las características de los distintos vehículos que observaba por el camino. Una cosa le molestaba enormemente: ver las bocanadas de humo negro que salían de los camiones mal mantenidos. Aún hoy escucho su voz profunda en mi cabeza: «Todo lo que se necesita para detener esa horrible contaminación es un poco de mantenimiento rutinario y filtros nuevos de aceite. No cuestan mucho. ¡Qué estupidez!».

Reviví ese escenario una vez más mientras me sentaba en la sala de espera pequeña en Jiffy Lube. Había llegado allí desde el lavadero de coches de servicio completo para cambiar el aceite antes de un largo viaje para visitar a unos parientes en Mississippi. Percibí la aprobación de Bob por la forma en que yo seguía siendo una buena administradora de nuestro vehículo como él lo había sido.

La mayordomía y la responsabilidad me empujan a cuidar de otras posesiones, incluido mi corazón afligido. Yo no he creado el cuerpo que habito, pero me encargo de cuidarlo. Dios envió al Hijo para redimirme en espíritu, alma y cuerpo.

Necesito proteger mi cuerpo y mi mente contra las influencias de la ansiedad, la duda, el miedo, la amargura, la preocupación, la ira, los prejuicios y la queja. Dios ama este cuerpo mío que envejece, incluso con sus limitaciones. Mi responsabilidad es entregarme al Señor, abrir mi interior y mi espíritu para llenarme del amor y la luz de Dios. Necesito desesperadamente ser moldeada a la imagen de Dios y ser responsable por el cuidado de mi salud física e interior. La recompensa podría ser un vehículo fiable para un largo viaje hacia la santidad, la integridad y la alegría exquisita.

**ORACIÓN:** *Gracias, Proveedor Generoso, por los dones que has dado. Que sea una buena administradora de mis posesiones, incluyendo mi cuerpo, para que todo lo que tengo y todo lo que soy pueda ser utilizado para tu gloria. Amén.*

**PENSAMIENTO DEL DÍA:** Dios quiere que seamos buenos administradores(as) de nuestras posesiones, incluyendo nuestros cuerpos.

# LA ENFERMEDAD DE LYME
## Leer Mateo 9: 20 – 22

*«Pensaba: "Si al menos logro tocar su manto, quedaré sana".*
*Jesús se dio vuelta, la vio y le dijo*
*—¡Ánimo, hija! Tu fe te ha sanado.*
*Y la mujer quedó sana en aquel momento».*
Mateo 9: 21 – 22, NVI

Mi hermana y yo disfrutábamos de unas vacaciones relajantes en los Outer Banks de Carolina del Norte cuando me desperté una mañana con una erupción ardiente en la piel. Mi hermana buscó en Internet y decidió que tenía *picaduras de chinches*. El farmacéutico de la esquina miró las protuberancias rojas que picaban y concluyó que tenía *picaduras de pulgas de la arena*. Desesperada, pero equipadas con crema de cortisona y Benadryl, continuamos con nuestros planes de dar un paseo en jeep para ver los caballos salvajes y más tarde asistir a una producción de «La colonia perdida». De vuelta a casa, llamé a mi doctora, pero como no tenía citas disponibles me vio un médico residente y determinó que tenía *picaduras de nigua*. Equipada con una receta de esteroides, volví a casa y me metí en la cama. Mi dolor de cabeza y mi fatiga eran agudos.

Al cabo de una semana sin mejora, volví a llamar a mi médica. Me echó un vistazo y me diagnosticó la enfermedad de Lyme causada por una picadura de garrapata de ciervo infectada. Encontró el ojo de la picadura en mi espalda, donde yo no podía verlo. La doctora dijo que había habido un aumento drástico de estos casos con el crecimiento de la población de ciervos, especialmente en el este de Estados Unidos. Después de dos rondas de 30 días de un antibiótico fuerte, empecé a recuperarme; pero los vestigios del dolor de cabeza fuerte, la fatiga extrema, el dolor de las articulaciones y la niebla cerebral permanecieron en cierto grado durante tres meses más.

Durante este tiempo me golpearon olas de dolor que me hicieron sentir vulnerable, frágil y sola. Echaba de menos a mi marido y a nuestras conversaciones. Cuando experimentamos la enfermedad, todas las emociones se intensifican. Lloré a menudo al verme obligada a afrontar todas las implicaciones de una pérdida irreversible y permanente. Me mantuve fiel a mi tiempo diario de devoción, oración y escritura, y una mañana recibí un guiño de Dios que me sacó de mi dolor y aceleró mi curación. La historia aparece en tres de los Evangelios.

Una mujer que ha sufrido hemorragias durante 12 años es considerada impura por su comunidad y no es apta para la interacción social. No debe ser tocada por ninguna persona simplemente porque está sangrando. Sin embargo, tiene la temeridad de tocar el borde del manto de Jesús porque cree que se curará. Es un riesgo, una grave infracción de las normas religiosas y sociales, pero se arma de valor para tocar el borde (puede ser el fleco o las borlas de las esquinas) del manto de Jesús. Jesús no la regaña ni la reprende, sino que responde radicalmente. Enaltece a la mujer a causa de su fe.

Esta historia me recuerda que, en momentos de total desesperación, no tenemos que preocuparnos por la forma correcta de llegar a Dios. Al igual que esta mujer, simplemente nos acercamos con fe. Dios responderá. Aunque se la considera «impura», Dios, a través de Jesús, cambia las reglas y la llama fiel. Podemos confiar en que Dios nos cuidará en la enfermedad enfermos y cuando necesitemos sanación.

**ORACIÓN:** *Dios que escucha mis oraciones, vengo con el corazón lleno de agradecimiento por haberme curado cuando he estado enferma. Concédeme la gracia de ser sensible a las personas con enfermedades y de responder a sus necesidades de apoyo y oración. Amén.*

**PENSAMIENTO DEL DÍA:** El amor sanador de Dios está siempre disponible para el pueblo de Dios.

# BENDITO SEA EL LAZO QUE NOS UNE
## Leer Romanos 15: 5 - 7, 13

*«Y Dios, que es quien da constancia y consuelo,
los ayude a ustedes a vivir en armonía unos con otros».*
Romanos 15: 5

Uno de mis himnos favoritos desde la primaria es «Blest Be the Tie That Binds» (Bendito sea el lazo que une). Sigue siendo uno de mis favoritos porque la música y los acordes son lo suficientemente sencillos y fáciles de dominar para un pianista con poca habilidad. Una segunda razón es la profunda simplicidad que encuentro en la forma en que la canción presenta la naturaleza de la iglesia cristiana:

«Bendito sea el lazo que une nuestros corazones en el amor cristiano;
  la comunión de las mentes afines es como la de arriba.
«Ante el trono de nuestro Padre vertemos nuestras ardientes oraciones; nuestros miedos, nuestras esperanzas, nuestros objetivos son uno, nuestros consuelos y nuestras preocupaciones.
«Compartimos las aflicciones de los demás, soportamos nuestras cargas mutuas;
  y a menudo por los demás fluye la lágrima de simpatía».
(UMH 557)

Estos tres primeros versos describen ciertamente mi experiencia de la iglesia. Gracias a los estudios bíblicos, el Ministerio de Esteban, los comités, la enseñanza a personas adultas, niños y niñas, las experiencias de adoración, los retiros y las oportunidades de compañerismo;

tengo amistades y «lazos que unen» a través de décadas y varios estados. No puedo imaginarme la vida sin ellos.

He aquí un ejemplo de una amiga cristiana que ha enriquecido mi vida en los últimos días. Lynn y yo nos conocimos cuando empezó a asistir a un estudio bíblico semanal de mujeres que yo facilitaba, y nuestra amistad se profundizó cuando su marido murió unos meses después de que lo hiciera Bob. Ella llamó por teléfono esa semana desde Texas para contarme la muerte de una mujer de fe encantadora. Lynn me contó que se despertó con una sensación de urgencia para ir a visitar a Mary Helen en rehabilitación, donde se estaba recuperando tras una hospitalización por neumonía. Abrazó a Mary Helen y le dijo lo mucho que la quería y valoraba. Lynn dijo que nuestra amiga estaba postrada en la cama, débil e incapaz de hablar, pero que comunicaba sus sentimientos recíprocos con la mirada. Cuando Lynn se marchó, se detuvo en la puerta y le sopló un beso a Mary Helen, que pudo corresponderle con un gesto. Al día siguiente Lynn recibió la llamada con la noticia de que Mary Helen había muerto; y Lynn cogió el teléfono para compartir esos preciosos momentos conmigo. Me habló de la esquela y de cómo nuestra querida amiga había pedido que, en lugar de flores o donaciones en su memoria, la gente pasara tiempo con sus amistades y seres queridos; una petición que simbolizaba la vida de Mary Helen.

Las redes de apoyo que creamos para nosotros mismos —amistades cristiano a cristiano, vecino a vecino, mujer a mujer, viuda a viuda— nos proporcionan fuerza, esperanza, ánimo, amor, consuelo, comunión y estabilidad. Al compartirnos con las demás personas, nuestra felicidad se amplía, nuestro dolor se aligera y nuestra relación mutua con Dios se profundiza como un sacramento de amor y vida.

**ORACIÓN:** *Con el corazón lleno de gratitud, te doy las gracias, Señor Dios, por haberme regalado buenas amistades y la comunión de las personas cristianas de todo el mundo. Estas redes conllevan una con-*

*fianza valiosa y sagrada. Que esta confianza siga creciendo hoy y en la eternidad. Amén.*

**PENSAMIENTO DEL DÍA:** Bendito sea el lazo que une a los amigos.

# UNA OFRENDA FRAGANTE
### Leer 2ª a los Corintios 2: 14 – 16 y Efesios 5: 1 – 2

*«Gracias a Dios que siempre nos lleva
en el desfile victorioso de Cristo
y que por medio de nosotros da a conocer
su mensaje, el cual se esparce
por todas partes como un aroma
agradable. Porque nosotros somos
como el olor del incienso que Cristo ofrece a Dios».*

2ª a los Corintios 2: 14 – 15

Hace un par de semanas, durante una conferencia con la Revda. Dra. Lauren Winner, un grupo de miembros de la iglesia exploraban las imágenes de Dios que se encuentran en las escrituras Una familia de imágenes que discutimos tenía que ver con Dios como un ser sensorial, que percibe con los sentidos. El salmista se pregunta: «¿Acaso no habrá de oír el que ha hecho los oídos? ¿Y acaso no habrá de ver el que ha formado los ojos?» (Salmo 94:9). Cuanto más jugábamos con la idea de Dios y los cinco sentidos de la vista, el oído, el tacto, el gusto y el olfato, más ejemplos empezaban a salir de las páginas de nuestras Biblias como si una docena de bolsas de palomitas de maíz explotaran a la vez. El ejercicio fue energizante y enriquecedor.

Reflexionar sobre el sentido del olfato de Dios resultó especialmente intrigante. Cantamos un himno basado en el Salmo 141, y este verso aún persigue mi vida diaria: «Sea mi oración como incienso en tu presencia». Según Éxodo 30:7, los sacerdotes ofrecían incienso en el altar cada mañana. ¡Qué maravilloso es pensar que nuestras oraciones son también una ofrenda de incienso hecha para deleitar y hacer cosquillas al sentido olfativo de Dios!

El pasaje de la Segunda Epístola a los Corintios presenta una imagen en la que los seguidores de Cristo adquieren una fragancia especial simplemente por conocerle, por estar en su presencia. En ese escenario, los discípulos se convierten en el aroma de Jesucristo para Dios. El olor es poderoso; puede ser un medio de comunicación, de comunión, de advertencia, de evocación de recuerdos de una persona o de un acontecimiento. En Efesios 5:1-2, Pablo describe a Jesús en la cruz que emite un aroma: «Ustedes, como hijos amados de Dios, procuren imitarlo. Traten a todos con amor, de la misma manera que Cristo nos amó y se entregó por nosotros, como ofrenda y sacrificio de olor agradable a Dios». Hemos de imitar con la oración y la ofrenda de sí mismo, acciones que tienen el poder de reconectarnos con Dios.

Cada persona tiene un olor único. La perra de Bob quería estar en su cama o en su baño durante días después de su muerte. Tengo una amiga viuda que se ponía las camisetas de su marido en la cama para mantener su olor. Un niño pequeño que conozco se fue a la cama con una de las camisetas de su padre después de que este se desplegara a Afganistán. La policía utiliza una prenda de vestir para desencadenar la búsqueda de una persona desaparecida con la ayuda de un perro rastreador. No todos los olores son agradables, y algunos pueden perdurar durante mucho tiempo. Después de que se quemara la casa de mi amiga, ella comentaba a menudo que lo más duro de la experiencia era el olor desagradable que no desaparecía.

Si tengo la opción de elegir mi olor personal, seleccionaría uno creado por muchos años de caminar con Cristo. ¡Qué hermoso es que nuestras oraciones suban como incienso para calmar, consolar y deleitar a Dios!

**ORACIÓN:** *Oh Dios, oh, Dios, mi Señor, que mis oraciones se eleven ante ti como el incienso. Que yo sea una fragancia dulce en tu reino. Amén.*

**PENSAMIENTO DEL DÍA:** Que hoy podamos llevar el aroma de Cristo a las demás personas.

# CREADO DE FORMA ÚNICA

## Leer el Salmo 139: 13 − 18

*«Tú fuiste quien formó todo mi cuerpo;
tú me formaste en el vientre de mi madre.
Te alabo porque estoy maravillado,
porque es maravilloso lo que has hecho».*

Salmo 139: 13 − 14

En el pasaje bíblico anterior, el salmista expresa algo que me ha costado mucho tiempo poseer en el centro de mi ser. Comprende que su propia creación es tan maravillosa como las demás obras grandes del Señor. Las obras grandes del Señor me incluyen a mí y a mi creación; yo también soy creada de forma única y maravillosa. Pero, lamentablemente, la mayoría de las personas nos vemos golpeadas a temprana edad por la injusticia horrible que humilla y degrada a un niño(a) por algo que está fuera de su control. A muchas niñas no se les toma en serio ni reciben un trato igualitario debido a su género. Algunos niños se esfuerzan por cumplir las expectativas de masculinidad de sus padres, por muy irreales e insensibles que sean. Los niños y las niñas aprenden rápidamente si su pelo es demasiado liso o demasiado rizado, si tienen destrezas para los deportes o carecen de habilidades físicas, si su estatura es muy baja o muy alta, si son estudiantes hábiles mentalmente o tienen problemas en la escuela. Estas clasificaciones y comparaciones comienzan justo después de nacer, e interiorizamos los comentarios que recibimos desde el primer día. Los niños y las niñas son como pequeñas esponjas y absorben rápidamente si son queridos o no, valorados o considerados indignos.

Mientras preparaba un estudio bíblico sobre Mateo, me sorprendió de nuevo lo mucho que Jesús ama y valora a los niños y las niñas de corta edad (véase Mateo 19:13-15). Fui a la estantería y recuperé una pequeña figura de arcilla de Jesús sentado con niños pequeños a su alrededor que me regaló hace años mi querida amiga Emily. La puse junto a la «vela de Cristo» que enciendo al principio de cada clase. En el transcurso de la clase hablamos sobre la compasión, la misericordia y el amor incondicional de Dios que llamamos gracia. Compartí un ejemplo dado en el libro de Philip Yancey *¿What's So Amazing About Grace?* (*¿Qué tiene de asombroso la gracia?*) que citó de la película *Ironweed*. Los personajes interpretados por Jack Nicholson y Meryl Streep, ebrios, tropiezan con una anciana esquimal, tendida en la nieve.

«¿Está borracha o es una vagabunda?», pregunta Nicholson.
«Solo una vagabunda. Lo ha sido toda su vida».
«¿Y antes de eso?»
«Era una puta en Alaska».
«No ha sido una puta toda su vida. ¿Antes de eso?»
«No lo sé. Solo una niña pequeña, supongo».
«Bueno, un niño pequeño es algo. No es una vagabunda y no es una puta.
Es algo. Llevémosla adentro».*

Las sociedades de todo el mundo han promovido durante siglos el prejuicio de que los niños, las niñas y las personas adultas mayores —incluidas viudas— son descartables. Esa idea es pura locura, y espero que nadie crea que somos inferiores de alguna manera al entrar en esta nueva vida de viudez. Despojémonos de todo el equipaje viejo y retomemos la actitud de un hijo(a) amado(a), creado de forma maravillosa y única a imagen de Dios.

---

*Philip Yancey, *¿What's So Amazing About Grace?* (Grand Rapids, MI: Editorial Zondervan, 1997), 280.

**ORACIÓN:** *Gracias, Dios, por haberme creado y por amarme incondicionalmente. Amén.*

**PENSAMIENTO DEL DÍA:** Somos creaciones maravillosas, somos manifestaciones únicas de la creación de Dios.

# LUTO EN LA MAÑANA

*«Ustedes, fieles del Señor,
¡cántenle himnos!,
¡alaben su santo nombre!
Porque su enojo dura un momento,
pero su buena voluntad, toda la vida.
Si lloramos por la noche,
por la mañana tendremos alegría».*

Salmo 30: 4 -5

# CENAR A SOLAS

### Leer el Salmo 118:1, 24, 28 – 29

> *«Éste es el día en que el Señor ha actuado:*
> *¡estemos hoy contentos y felices!»*.
>
> Salmo 118:24

A menudo, las viudas sin hijos en casa me expresan que uno de los resultados más desagradables de la pérdida del cónyuge es cenar solas. La hora de la comida era especial para mi marido y para mí, y apreciábamos especialmente la hora de la cena juntos. Fue una gran pérdida, aunque a menudo ceno con algún vecino, la familia y las amistades.

Fui bendecida por algo que sucedió recientemente cuando preparé una comida para una viuda que había sido operada el día anterior. Llevé un jarrón pequeño con flores para el centro de mesa y puse servilletas floreadas para darle un toque festivo a nuestra comida juntas. Ella se sorprendió por mis acciones y dijo que, en su país natal (Suecia) nadie haría lo que yo estaba haciendo. El gobierno se ocupa de la gente, pero este tipo de atención de entre personas vecinas no ocurriría. Al haber crecido en el sur, me pareció algo natural.

Mientras hablábamos sobre la vida en solitario, me contó, con su acento sueco suave y cadencioso, una historia que su marido noruego le había contado hacía décadas. Mientras estudiaba en Ámsterdam en 1937, vivía en un apartamento pequeño sobre una tienda. Al otro lado del pasillo había otro apartamento pequeño ocupado por un judío de estatura baja que había huido de la Alemania nazi. El estudiante de posgrado estaba intrigado por algo que el hombre hacía todas las noches. Cocinaba su cena en su plato caliente pequeño y ponía la mesa diminuta, lo suficientemente grande para un solo comensal, con mantel, vela, cubiertos y plato. Se ponía el sombrero y el abrigo, salía al pasillo y cerraba la puerta. Luego llamaba suavemente a la puerta y procedía a entrar de nuevo en su apartamento y a sentarse a su mesa para cenar. Era su propio y respetado invitado a cenar.

Al igual que al marido de mi amiga, me intrigaba este comportamiento y deseaba poder preguntarle al hombre qué estaba pensando. ¿Qué simbolizaban sus acciones para él? Al reflexionar sobre la historia, me di cuenta de que yo había empezado a hacer algo parecido. Pongo mi mesa con mantel, flores, vela y servilleta de tela en un servilletero de peltre. Me sirvo la bebida en un vaso pequeño y elegante o en una taza alegre. Doy las gracias y disfruto de mis comidas con reverencia y gratitud. Mi ritual pequeño incluye recitar: «Éste es el día en que el Señor ha actuado: ¡estemos hoy contentos y felices!». Se acabaron los días de estar de pie junto al fregadero y de comer a la carrera.

En una colección de poemas de Billy Collins (ex poeta laureado de Estados Unidos y también del estado de Nueva York) titulada *Aimless Love* (Amor sin destino), encontré un delicioso poema titulado «Dining Alone» (Comer a solas). Escribe: «No he traído ni un libro ni un periódico/ ya que el material de lectura se considera un engaño».* Estoy aprendiendo a sentirme más cómoda comiendo sola, pero aún no lo he conseguido del todo. Sigo encendiendo el televisor para ver las noticias locales y mundiales de la noche.

**ORACIÓN:** *Dios que llena mi vida de cosas buenas, me alegro de la abundancia que estoy aprendiendo a encontrar en mi soledad. Gracias. Amén.*

**PENSAMIENTO DEL DÍA:** El amor de Dios es inmutable en medio de las circunstancias cambiantes.

---

*Billy Collins, *Aimless Love: New and Selected Poems* (New York, Editorial Random House, 2013), 239.

# UNA MEDIA ROJA

### Leer Juan 1: 1- 5

*«En él estaba la vida, y la vida era la luz de la humanidad.
Esta luz brilla en las tinieblas, y las tinieblas
no han podido apagarla».*

Juan 1: 3 – 5

La segunda Navidad sin mi marido se sentía larga, oscura y fría. Las palabras de un himno se arremolinaban en mi corazón y en mi hogar una y otra vez: «En el sombrío invierno, el viento helado hizo gemir» [UMH 221 (Himnario Metodista Unido)]. Unas semanas antes había añadido aislamiento al apartamento, así que sabía que los escalofríos provenían de mi espíritu y mi mente y no del clima gélido del exterior. Los días más cortos del año reflejaban aún más la oscuridad y la tristeza de mi estado de ánimo. Era la temporada de Adviento, supuestamente un tiempo de preparación y expectativa alegre mientras esperamos al Niño de Belén. Decidí fingir, anular mi melancolía, y me dirigí al armario grande del vestíbulo y saqué las cajas de plástico con los adornos navideños.

Ya había tomado la decisión de no poner el árbol grande por primera vez en lo que tengo de memoria porque tenía previsto viajar fuera del estado para estar con mi madre de 95 años. Aun así, con una agenda muy apretada, tardé seis días en colocar los adornos. Compré siete velas blancas que coloqué en una bandeja metálica y las rodeé con ramitas de bayas rojas de acebo. Coloqué la bandeja y las velas en la chimenea grande vacía. Hice un último añadido. Colgué un calcetín rojo en la chimenea; un calcetín rojo, solitario y desolado.

Me preparé una taza de chocolate caliente con un puñado generoso de malvaviscos con pimienta y menta pensando que me animaría. Encendí las velas de la chimenea y me acomodé en mi sillón con la taza navideña colorida de cacao humeante. La luz y la calidez impregnaron la habitación con tal intensidad que me olvidé de estar triste. Para mi sorpresa, me encontré abrazando mi viudez y mi soledad. Fui consciente de que había llegado a un punto de inflexión en mi dolor. Cambié mi atención de la media roja vacía a las luces danzantes de las velas de la chimenea y tomé otro sorbo de chocolate caliente.

Empecé a reflexionar sobre las formas en que podría hacer brillar la luz del Niño Jesús en mi mundo. ¿Cómo podría ser un canal de ayuda para los demás? Me imaginé llenando mi calcetín con signos pequeños de fe y amor: una palabra amable, sonrisas, una mano amiga, regalos pequeños entregados gratuitamente, oídos atentos, poner la otra mejilla, una mente abierta, un corazón compasivo, cantos de alabanza, oraciones de curación, palabras de ánimo, tarjetas de felicitación, comidas «reconfortantes», llamadas telefónicas, mantas para el refugio, un abrigo para un hombre.

El viento helado gime «en el invierno sombrío», y la oscuridad llega más temprano en los días acortados. En este mundo necesitado, Dios envió un Niño Santo para anunciar la esperanza. Me puse a cantar la cuarta estrofa de «In the Bleak Midwinter» (En medio del invierno lúgubre): «¿Qué puedo darle, pobre como soy?». Si fuera un pastor, traería un cordero; si fuera un sabio, haría mi parte; pero lo que puedo darle: dale mi corazón» [UMH 221 (Himnario Metodista Unido)].

Y así me imagino dándole un calcetín rojo lleno a rebosar de «esta pequeña luz mía». Como solía decir mi marido irlandés: «Feliz Navidad a todos».

**ORACIÓN:** *Dios de la luz y el amor, puede que la vida no sea lo que solía ser, pero los mejores días no han llegado y se han ido con la pérdida de mi cónyuge. Que pueda ser un recipiente de amor, esperanza* *y curación para que en ti pueda encontrar la plenitud de la alegría en esta Navidad. Amén.*

**PENSAMIENTO DEL DÍA:** Cuando respondemos a la llamada de Dios, cualquier día se convierte en una bendición.

# EN LA MESA
## LEER HECHOS 2: 46 - 47

*«Todos los días se reunían en el templo,
y en las casas partían el pan y comían juntos
con alegría y sencillez de corazón».
Alababan a Dios y eran estimados por todos.*

HECHOS 2:46-47

Pasé 10 días durante las vacaciones de Navidad y Año Nuevo con mi madre de 95 años, que habitualmente compartía sus comidas con otros tres residentes del auspicio para personas ancianas en una mesa para cuatro. Conmigo, una quinta persona en escena, el acuerdo se vio alterado. A veces una de las personas tenía que sentarse en otro sitio, a veces yo acercaba una silla y me sentaba en la esquina de la mesa, o a veces mi madre y yo nos cambiábamos de mesa. La conversación solía versar sobre cómo «solían ser las cosas». Una cosa que las personas residentes del auspicio echaban de menos era tener aguacates para comer. Así que salí al día siguiente y les compré a cada uno un aguacate maduro. Sus sonrisas eran enormes.

Durante mi visita allí, me alojé en la casa de mi hermano en el lago, en el bosque, a unos 25 kilómetros de distancia. Él y su esposa se habían ido a esquiar con los hijos y nietos, así que me quedé sola cada mañana. Me sentaba a la mesa mirando por los ventanales enormes del suelo al techo, observaba el entorno natural cambiante mientras los pájaros volaban hacia los comederos, el viento agitaba las agujas de los pinos y el agua del lago bailaba a la luz del sol. El Espíritu revoloteaba a mi alrededor y nunca me sentí sola.

La víspera de Navidad asistí a una misa de medianoche a la luz de las velas en la pequeña iglesia donde me confirmé y mis tres hijos fueron bautizados. Conocía a pocas personas después de haber vivido lejos durante tantas décadas, pero las Escrituras familiares, la música tradicional y la comida eucarística me ofrecieron una sensación de regreso a la casa tribal, ya que juntos dimos la bienvenida al niño Jesús.

Tres días más tarde llamé a Millie, una antigua vecina, y le pregunté si podíamos visitarla tomando un café, como hacíamos a menudo cuando venía a la ciudad a visitar a mi madre. Habíamos criado a nuestros hijos juntas durante varios años y habíamos seguido siendo muy amigas incluso después de que yo me mudara. Ambas perdimos a nuestros maridos en 2012 y estábamos luchando con ser viudas, a la vez que nos sentíamos aliviadas por haber dejado atrás los años largos de cuidados. Millie decidió que tomaríamos un café en su casa la tarde siguiente.

Mientras aparcaba el auto, otras dos antiguas vecinas se acercaron y comenzó un dulce reencuentro. La mesa para cuatro personas estaba preparada con servilletas bonitas, platos con trozos de tarta de queso y una jarra de café humeante. Nos turnamos para ponernos al día sobre nuestras vidas y compartir historias de lo que había sucedido con los maridos e hijos en los años transcurridos. Uno de ellos había afrontado el grave reto del cáncer. Algunos hijos habían luchado con diversos problemas. Los nietos habían sido una bendición y algunos habían traído preocupaciones. Cuatro mujeres de fe compartieron una comida de ágape de tres horas.

*Ágape* es una palabra griega koiné y la principal palabra utilizada para el amor en el Nuevo Testamento. Las comidas de amor ágape formaban parte de un servicio cristiano primitivo poco estructurado que se celebraba en los hogares (no una eucaristía, sino una comida social muy parecida a la hora del café después del culto). Cada persona traía la poca comida que tenía para compartir y se sentaban alrededor, contaban historias de lo que Dios estaba haciendo en sus vidas y se animaban unas a otras en la fe. La mesa de Dios ya sea para una persona o para muchas, manifiesta experiencias de comunidad y de amor desinteresado e incondicional. Gracias a Dios.

**ORACIÓN:** *Bendito seas, Señor Dios, porque me das alimento para sostener mi vida y comunidad para alegrar mi corazón, por Jesucristo el Señor. Amén.*

**PENSAMIENTO PARA EL DÍA:** Cada comida nos ofrece la oportunidad de celebrar la bondad de Dios.

# EN SU HONOR

## Leer 1ª a los Tesalonicenses 5: 11, 14 - 15

*«Por eso, anímense y fortalézcanse unos a otros,
tal como ya lo están haciendo».*

1ª a los Tesalonicenses 5: 11

En 1964, un oficial de la Marina Real canadiense llamado Jean Vanier cambió la forma de ver la comunidad con las personas discapacitadas mentales. Invitó a dos hombres de un asilo cercano a vivir con él en su casa, en un pequeño pueblo francés al norte de París. Bautizó a la pequeña comunidad con el nombre de *El* Arca (símbolo de refugio y liberación en francés) y con ello inició una federación de 146 comunidades en 35 países de seis continentes.* En Estados Unidos hay 18 comunidades de este tipo, más tres comunidades emergentes.

Vanier vio su plan como la oportunidad de su vida, una invitación a «bajar la escala social, no a subirla». Consideró que el mayor deseo de las personas con discapacidad y de todos los seres humanos es la comunidad. Señaló que, junto con las personas con discapacidad, «podemos derribar las barreras y dar la espalda a la necesidad de poder. Podemos descubrir que la vida hay que celebrarla en unión, donde las personas débiles y las personas fuertes pueden cantar y bailar juntas».†

Henri Nouwen, sacerdote, autor y profesor de renombre internacional, pasó los últimos 11 años de su vida en las comunidades de El Arca —un año en Trosly (Francia) y diez años en El Arca Daybreak

---

*Jean Vanier, "Where the Weak and Strong Dance Together," in Bob Abernathy and William Bole, The Life of Meaning: Reflections on Faith, Doubt, and Repairing the World (New York: Seven Stories Press, 2007), 371.
†Ibid., 375.

(Canadá)—. Nouwen encontró el sentido de su vida viviendo entre personas con discapacidad intelectual. A menudo, Dios nos sorprende poniendo al revés las convenciones y las expectativas.

Cuando leí un artículo sobre Nouwen y El Arca pensé en la yuxtaposición de las personas débiles y las fuertes, las capacitadas y las discapacitadas físicas. Un par de días más tarde recibí una petición de ayuda para becas para campamentos de verano para niños y niñas con discapacidades físicas o mentales. Mi marido procedía de una familia católica irlandesa numerosa con recursos limitados. Recordaba repetidamente, con gran agradecimiento, su beca para asistir a un campamento de verano del Ejército de Salvación. Se encendió en mi mente una bombilla. ¡Ya está! Así es como puedo honrarle. Cada año un niño irá a un campamento de verano con una beca en memoria de mi marido. A él le encantaría saber que estamos animando y formando a otra persona querida hija de Dios.

**ORACIÓN:** *Dios de la canción y la danza y de los campamentos de verano, multiplica mis dones y utilízalos para nutrir y afirmar a niños y niñas con discapacidades y a sus cuidadores. Enséñame que el poder y la fuerza se encuentran en el amor y la comunidad. Amén.*

**PENSAMIENTO DEL DÍA:** Que practiquemos el estímulo, la afirmación y nos fortalezcamos mutuamente.

# EN LA MONTAÑA
## Leer Éxodo 3: 1 – 6

*«Entonces pensó: "¡Qué cosa tan extraña!*
*Voy a ver por qué no se consume la zarza" …*
*Entonces Dios le dijo: —"No te acerques.*
*Y descálzate, porque el lugar donde estás es sagrado"».*

Éxodo 3: 3, 5

¿Ocurren cosas extrañas en las montañas? Me imagino que Moisés se doblaría de risa si le hicieran esa pregunta. Tal vez te cuente su experiencia cuidando el rebaño de su suegro Jetro en el desierto y llegando al |«Monte de Dios». «El ángel del Señor aparece en una llama de fuego que sale de un arbusto que arde, pero no se consume. Cuando va a comprobar este increíble espectáculo, Dios habla desde la zarza y le dice que se quite las sandalias porque está pisando tierra sagrada. Cuando Moisés pregunta por el nombre de Dios, éste le dice: «Yo soy el que soy» (Éxodo 3:14). ¡Increíble! ¿Qué está pasando? No tiene sentido, especialmente para los lectores modernos. ¿Cómo es posible que una zarza arda, pero no se consuma?

Leo esta historia como si fuera un relato imaginativo de una experiencia interna, a saber, el acto de ser llamado por Dios a una vocación, y no hay necesidad de explicar científicamente el milagro de la zarza ardiente. Lo que Moisés ve a simple vista no importa, lo entiende como una señal de que está en presencia del Santo. El lugar donde se encuentra es un santuario, un lugar sagrado donde hay que quitarse las sandalias. Es aquí donde Moisés responderá a regañadientes a la llamada de Dios para liberar a los esclavos hebreos en Egipto, una hazaña que está en el corazón mismo de la fe histórica de Israel.

Las Escrituras están llenas de experiencias extrañas en la montaña. Otro ejemplo es la misteriosa y fascinante narración de la

Transfiguración de Jesús. Jesús lleva a Pedro, Santiago y Juan a un monte alto y, de repente, Moisés y Elías aparecen y están hablando con Jesús. Dios habla desde una nube: «Éste es mi Hijo amado, a quien he elegido: escúchenlo» (Mateo 17:5). Jesús les ordena que no tengan miedo y que no cuenten a nadie la visión.

Hace un par de semanas me regalé dos días y dos noches en un centro de conferencias episcopal en las llanuras de Carolina del Norte. Estaba luchando contra la depresión invernal y pensé que el cambio de escenario podría romper mis sentimientos de «estancamiento», pero realmente no tenía expectativas y no estaba segura de por qué quería ir. Habían pasado 23 años desde mi última visita a este centro y, tras instalarme en mi cabaña, caminé entre la nieve hasta la capilla de San Francisco, al aire libre. Supe inmediatamente que había regresado a tierra sagrada y a un santuario en el que había experimentado una teofanía (una manifestación de la presencia de Dios) muchos años atrás. Todos los problemas, las luchas, el dolor, los cambios y las transiciones de la viudez se derritieron como la nieve derretida que corría por el arroyo bajo el puente pequeño de madera que había debajo de mis botas de nieve. Me sentí liberada de mi historia personal y me quedé allí, en el santuario rústico, vacía de todo menos de Dios.

A la mañana siguiente miré por la ventana y dos ramas de árbol habían formado una V sobre un banco de nieve. Enmarcada y centrada en la V en la distancia, pude ver la cruz blanca en el otro lado del lago. Caí de rodillas en señal de agradecimiento. En las montañas ocurren cosas extrañas y hermosas. Nos abren a Moisés, a Pedro, a Santiago, a Juan y a mí al misterio y la gloria de Dios.

**ORACIÓN:** *Dios vivo de las manifestaciones milagrosas, que te escuche cuando llamas y responda con un discipulado fiel. Amén.*

**PENSAMIENTO DEL DÍA:** Que hoy abramos los ojos para ver a Dios en todas partes.

# DALES TUS CALCETINES
LEER MATEO 5: 1,3 6 – 8, 40 – 42.

*«Dichosos los que tienen espíritu de pobres,
porque de ellos es el reino de los cielos».*

MATEO 5: 3, 40

A medida que aumentaban los problemas de salud de mi marido, reduje mis actividades fuera de casa. Una de las actividades que echaba mucho de menos era participar en un estudio bíblico. A medida que mi dolor se aliviaba, anhelaba tener un grupo de estudio y la búsqueda de uno me llevó a un grupo que utilizaba exactamente los mismos materiales que había estado estudiando en mi grupo de estudio bíblico en Texas antes de abandonarlo. Estaba encantada, pero el grupo se disolvió al llegar el verano. A finales de agosto llegó una llamada a la oficina de la iglesia preguntando por alguien que pudiera dirigir un estudio bíblico en una comunidad de personas jubiladas. Me pidieron que dirigiera el estudio bíblico y pronto empecé a estudiar el Evangelio de Mateo con un grupo pequeño de personas extraordinarias.

Sin duda, el Sermón de la Montaña (Mateo 5:1- 7:29) es una de las partes de las Escrituras más estudiadas, analizadas, discutidas y reflexionadas a lo largo de los siglos. Su mensaje sigue confundiendo y desafiando a quienes lo leen, y a mí también. Mientras Jesús está sentado (con la postura de un maestro, alguien con autoridad) en una ladera suavemente inclinada junto al Mar de Galilea, no ofrece máximas morales ni un nuevo código legal que deba ser aplicado por la iglesia. En cambio, describe una imagen de lo que debe ser el carácter interior de los seguidores de Jesús en cualquier época. Instruye a quienes, con él, se dedicarán a construir el reino de Dios, cumpliendo el sueño de Dios de vida y comunidad bajo el gobierno de la gracia de Dios. Las enseñanzas son el llamamiento de Jesús a su pueblo para que ame a Dios y «ame a su prójimo como a sí mismo» (Marcos 12:31, RV), sin reservas.

Mientras leía *Una guía de oración para todos los que caminan con Dios*, me encontré con la historia de otro grupo de estudio bíblico de los miércoles por la noche que también estaba estudiando el Evangelio de Mateo. Janet Wolf cuenta la historia de Juan, un indigente que vive en la misión del centro de la ciudad. Una noche Juan se despertó y vio que le faltaban los zapatos. Sacó su cuchillo y se puso a buscar, recorriendo el comedor de arriba a abajo, mesa por mesa. En su vida anterior, era malo. La gente lo sabía y a él no le importaba. Gritaba, amenazaba, juraba y vociferaba. «Una cosa es dejar de beber y drogarse. Otra cosa es que te roben los zapatos», gritó.

Jim, otro miembro del grupo de estudio de la Biblia que vivía en la misión, empezó a gritar desde el otro lado del comedor: «La Biblia dice que, si te quitan una capa, les des la otra; si te quitan los zapatos, dales los calcetines. Guarda ese cuchillo y dales tus calcetines».

Juan concluyó su historia de esta manera: «Doblé mi cuchillo. También me llevó mucho tiempo hacerlo. Caminé descalzo hasta el centro de servicio esta mañana, me compré más zapatos, pero ¡no es difícil vivir estas cosas!»*

Juan y Jim entienden lo que significa ser «pobre de espíritu». Estoy asombrada de estos hombres y también de cómo el estudio de la Biblia transforma radicalmente nuestros corazones y nuestra vida interior. Estoy agradecida de tener ahora el tiempo y la libertad para estudiar de nuevo. Echo de menos a Bob, pero los dones de mi vida nueva me invitan a una espiritualidad más profunda, a dones que también sanan mi corazón solitario.

---

*Janet Wolf, *A Guide to Spiritual Discernment*, Rueben P. Job, compilador, extraído en Rueben P. Job, Norman Shawchuck, John S. Mogabgab, *Guía de oración para todos los que caminan con Dios* (Nashville, TN: Upper Room Books, 2013), 41-42.

**ORACIÓN:** *Dios de gracia y misericordia, concédeme la pobreza de alma para que me vacíe para recibirte a ti y tu voluntad en mis días en la tierra, para que tenga la vulnerabilidad de «darles mis calcetines» y aligerar la necesidad de mi prójimo. Amén.*

**PENSAMIENTO DEL DÍA:** ¿Cómo podemos amar a las demás personas como Jesús nos ama?

# LOS POLLOS

### Leer 2ª a los Corintios 1: 3 – 7

*«Alabado sea el Dios y Padre de nuestro Señor Jesucristo, ...*
*quien nos consuela en todas nuestras tribulaciones para que,*
*con el mismo consuelo que de Dios hemos recibido,*
*también nosotros podamos consolar a todos los que sufren».*

2ª a los Corintios 1: 3 – 4, NVI

El trabajador social del hospicio, el capellán, las personas voluntarias, las enfermeras y ayudantes tuvieron una influencia en mi marido, en mí, en nuestras amistades y en la familia durante los últimos días de vida de Bob. Canto alabanzas al más alto cielo por la forma en que aportaron compasión, sensibilidad, profesionalidad, dignidad y respeto a Bob y a cada uno de nosotros durante esos días. Mi sueño se convirtió en poder hacer algún día lo que ellos habían hecho por mí para otra persona que pasara por la experiencia del hospicio.

Dieciocho meses después de la muerte de Bob, mi pastor llamó y preguntó si estaría dispuesta a visitar a una familia cuya madre había sido ingresada en un centro de cuidados paliativos con una esperanza de vida de cuatro a seis meses. Las bendiciones que he recibido de este ministerio voluntario desafían los límites y la descripción.

La hija, de unos cuarenta años, es secretaria en una universidad y su marido, amputado de una pierna, tiene un trabajo como guardia de seguridad en una gran empresa manufacturera. Ella es filipina y él estadounidense. Se conocieron por Internet y, tras varias visitas, decidieron casarse y vivir en Estados Unidos. Hace dos años, la pareja joven decidió trasladar a los padres ancianos de ella (hija única) a vivir con ellos en Carolina del Norte. En los últimos meses a la madre, Edith, se le diagnosticó una enfermedad cardíaca y una insuficiencia renal. El caso se complica aún más porque no es ciudadana estadounidense y no tiene un seguro médico. Un Dios fiel nos asegura que toda necesidad será suplida, y esta familia pequeña puede dar fe de esa verdad ya que han podido adquirir tratamiento médico y recursos. Ellos están haciendo un trabajo heroico de proporcionar una devoción amorosa y un cuidado constante a Edith en casa. Cuando oro junto a la cama de Edith, con su hija y su marido, siento la presencia de los ángeles que nos miran y nos ungen de una manera que desafía las palabras.

El patio grande ofrece espacio para que el padre cultive verduras y flores. También es un carpintero hábil, y estas habilidades le ayudan a mantenerse ocupado mientras atiende con devoción las necesidades de su esposa desahuciada. Recientemente le han regalado cuatro gallinas y un gallo. Mientras admiraba su hermoso corral con cubículos de descanso, le pregunté si pensaba ponerles nombre a sus gallinas, y se rió. En mi siguiente visita, le pregunté por el nombre de las gallinas, y se le dibujó una enorme sonrisa en la cara. Entonces me dijo: «El gallo se llama Tiger Woods-amante, ya sabes». Su sonrisa se hizo aún más grande. Le pregunté: «¿Y las gallinas?». Contestó: «Dos de ellas tararean todo el tiempo como si estuvieran cantando, así que a una la llamé Celine y a la otra Beyoncé. A la marrón la llamé Oprah. Mi yerno me sugirió que llamara a la cuarta por alguien de Filipinas, así que la llamé Ai-Ai por un comediante filipino». Le dije: «Ahora déjame asegurarme de que tengo los nombres correctos. Son: Tiger Woods, Celine, Beyoncé, Oprah y Ai-Ai». La sala se llenó con la música de nuestras risas.

La alegría y la risa no se consiguen erradicando el dolor y el sufrimiento. La alegría no es un escape de la pena. Pero el humor, un corazón ligero y la alegría del Señor dan poder para elevarse por encima del dolor y la tristeza en todas las situaciones.

**ORACIÓN:** *Gracias, Señor de la risa, por la bendición de nuevas amistades y momentos divertidos. Que las personas que han sufrido encuentren muchas oportunidades de servir a otras que pasan por momentos de pérdida y tristeza. Amén.*

**PENSAMIENTO DEL DÍA:** Los actos de servicio a las demás personas son también actos de amor a Jesús.

# AMIGOS

## Leer 1ª de Juan 4: 7 – 12

*«Nadie ha visto jamás a Dios, pero, si
nos amamos los unos a los otros,
Dios permanece entre nosotros, y entre nosotros su amor
se ha manifestado plenamente».*

1ª de Juan 4: 12, NVI

El teléfono sonó, interrumpiendo mi ensueño matutino. Nadie llama tan temprano, así que supe inmediatamente que algo iba mal. La persona que llamaba era una querida amiga que me informaba de que el mejor amigo de Bob, Richard, había muerto dos días antes. Solo se enteró cuando le pidieron que asistiera a la comida después de su servicio fúnebre. La noticia me afectó mucho. Me provocó un torrente de lágrimas y un profundo dolor por este hombre verdaderamente bueno, cuya amistad devota y ministerio con mi marido durante muchos años fue inspirador y sin precio.

La organización interdenominacional llamada Stephen Ministry (Ministerio Esteban) prepara a las personas para que proporcionen atención gratuita, confidencial, cristiana y personalizada a quienes experimentan algún tipo de crisis de la vida. Bob y yo nos hicimos amigos de Richard a través de una clase de escuela dominical. Una noche, en una reunión de supervisión del Ministerio Esteban, alguien me preguntó si pensaba que a Bob le gustaría tener un ministro Esteban. Tan pronto como apoyé la idea con entusiasmo, Richard se ofreció para ser un ministro Esteban para mi marido. La enfermedad de Bob era crónica y su cuerpo se estaba deteriorando constantemente. En cuestión de semanas, estos dos hombres desarrollaron una de las relaciones de amistad más increíbles que jamás he presenciado.

Richard se sentó junto a la cama de mi marido durante horas y horas, día tras día mientras Bob agonizaba. Leyó la escritura anterior en el servicio conmemorativo de Bob y preparó sus brownies especiales para la recepción. Su amor incondicional y su amistad inquebrantable a lo largo de muchos años de enfermedad fueron auténticamente cristianos y un regalo inspirador para todas las personas que lo presenciaron. Richard siempre se interesaba por cómo estaba yo, y también me bendecía con su ministerio de cuidado.

Unos días después de la muerte de Bob, Richard y su encantadora esposa nos invitaron a mí y a otros miembros de la familia a una comida deliciosa en el patio de un restaurante mexicano en Fort Worth. Mientras regresábamos al parqueadero, Richard se acercó a mí y me dijo: «Nell, Bob es el que ha muerto, no tú. Por favor, recuerda seguir viviendo».

Tuvo que pasar más de una semana para que pudiera escribir a la viuda de Richard y transmitirle sus palabras sabias. Mi mayor esperanza es que nosotras, las viudas, honremos a esos dos compañeros llevando su amor con nosotras mientras nos esforzamos por vivir el resto de nuestras vidas con gracia y bien.

**ORACIÓN:** *Señor Dios, te doy gracias por las amistades llenas de fe que caminan conmigo y me muestran tu amor. Amén.*

**PENSAMIENTO DEL DÍA:** Que vivamos cada minuto de la vida con amor, gracia y gratitud.

# COME ESTE PAN

## Leer Efesios 1: 17 – 23

*«Sometió todas las cosas bajo los pies de*
*Cristo, y a Cristo mismo lo dio*
*a la iglesia como cabeza de todo. Pues*
*la iglesia es el cuerpo de Cristo,*
*de quien ella recibe su plenitud, ya que Cristo es quien lleva*
*todas las cosas a su plenitud».*

Efesios 1: 22- 23

Los domingos por la mañana en la iglesia han sido mis momentos favoritos de la semana desde mis primeros recuerdos. Dios me hizo un regalo increíble cuando mi esposo Bob compartió mi entusiasmo por el culto del domingo por la mañana con nuestra familia de la iglesia. Asistimos juntos fielmente: la silla de ruedas motorizada de Bob al final del banco y yo sentada al lado. Incluso en los días en que el dolor era insoportable, Bob quería estar en la casa del Señor los domingos por la mañana y los días festivos especiales. Aprovechaba cada minuto (aunque se dormía durante los sermones), cantaba con gusto y tenía una afinidad especial por la Cena del Señor. Los sirvientes le llevaban el pan y el vasito de plástico con el zumo de uva a su silla, y a menudo se nos saltaban las lágrimas viendo su decidida lucha por comulgar. El apoyo de la gente de la Iglesia Metodista Unida de San Bernabé en Arlington (Texas) y sus feligreses jugó un papel clave en nuestras vidas durante muchos años.

Cuando me mudé a Carolina del Norte, me resultó difícil encontrar una iglesia en la que me sintiera como en casa, y tuve que esforzarme mucho para encontrar un lugar donde sintiera pertenencia. Aunque el proceso de duelo obstaculizó mi progreso, después de algunos meses decidí simplemente elegir una iglesia y unirme a ella.

Me involucré en tres comités, fui voluntaria en las cenas de Urban Ministries (Ministerios urbanos), asistí a los programas y me uní a la clase de las personas nuevas. Pronto empecé a conocer a la gente y a aprender más sobre la iglesia singular a la que me había unido. La congregación de la Capilla de la Universidad de Duke es una comunidad cristiana ecuménica con su propio personal, consejo, presupuesto y programas. Hay 525 personas miembros de la iglesia, sin edificios y sin gobierno denominacional, algo inusual sin duda.

Recientemente, la iglesia organizó un retiro de una noche en un centro de conferencias magnífico en la montaña de Caraway, cerca de Asheboro (Carolina del Norte). El programa incluía oportunidades de trabajo y de ocio centradas en la tarea doble de construir una comunidad y desarrollar una visión para el futuro. Las discusiones de la sesión basadas en los pasajes de Efesios, mencionados arriba realmente me intrigaron. El gran nombre de la iglesia es «El cuerpo de Cristo», y Cristo, la cabeza de la iglesia, tiene el mayor poder espiritual del cosmos («Quien lleva todas las cosas a su plenitud»). La cabeza sostiene, guía, inspira, capacita y fortalece, pero debe tener un cuerpo a través del cual pueda actuar.

Como iglesia hay una cosa que hacemos bastante bien: el culto. El retiro de mi iglesia se cerró en una capilla al aire libre junto a un lago, entre árboles bañados por el sol. Los niños y las niñas cantaron; la congregación leyó las escrituras y ofreció oraciones. Cuando llegó el momento de la Cena del Señor, formamos un círculo y pasamos el pan y la copa de persona a persona mientras cantábamos «Comed este pan» hasta que todas las personas presentes compartieron la fiesta. Un niño pequeño que estaba a mi lado empezó a aplaudir y yo me uní. Pronto toda la congregación aplaudía y alababa con un espíritu alegre y exuberante. Había encontrado mi sitio de alabanza.

**ORACIÓN:** *Gracias, Dios misericordioso, por una iglesia donde puedo adorar y servirte. Que pueda utilizar los dones que me has dado para la construcción de tu reino. Amén.*

**PENSAMIENTO DEL DÍA:** Somos personas miembros del cuerpo de Cristo, que crezcamos juntas en la fe.

# CONEXIÓN DE 25 CENTAVOS
## Leer Efesios 2: 4 – 10

*«Pues por la bondad de Dios han recibido*
*ustedes la salvación por medio de la fe.*
*No es esto algo que ustedes mismos hayan*
*conseguido, sino que es un don de Dios.*
*No es el resultado de las propias acciones, de modo*
*que nadie puede gloriarse de nada; pues es Dios*
*quien nos ha hecho; él nos ha creado en Cristo Jesús*
*para que hagamos buenas obras, siguiendo el camino*
*que él nos había preparado de antemano».*

Efesios 2: 8 – 10

En la carta a los Efesios, Pablo escribe con un lenguaje poderoso y poético, y anima a las iglesias cristianas y a sus feligreses a una nueva vida de unidad, verdad, amor y perdón. Cada vez que leo la visión y las oraciones de estos seis capítulos breves, me maravilla el amplio plan de salvación de Dios y el papel exaltado de la iglesia como comunidad llena del Espíritu que lleva el poder y la presencia del Señor al mundo. El lenguaje se eleva y evoca un compromiso renovado de compartir la historia de amor de Dios cada día que vivo.

Cuando mi dolor estaba en su punto más oscuro, la vida parecía ser todo *sobre* mí, a mi pérdida y a los cambios que me estaban obligando a hacer. *Horrible, desagradable* —estas palabras no alcanzan a describir esas primeras semanas—. Poco a poco, muy lentamente, el dolor profundo se disipó. Empecé a entender la muerte de Bob no como un final, sino como un cambio de significado y de responsabilidad.

Una mañana, mientras estaba sentada en mi silla de oración, miré mis manos vacías, curtidas por la edad, cubiertas de manchas marrones. Habían sostenido la mano de mi marido y habían sido besadas en muchas muestras de afecto. Parecían vacías, pero me di cuenta de que, en realidad, son instrumentos de Dios llenos de amor, gracia y toda una vida de recuerdos. Mis manos no fueron diseñadas para estar ocupadas o para llenar un vacio en mi corazón o para ayudarme a huir de la pena. Dios diseñó mis manos para expresar el amor, la gracia, la misericordia, la comunidad, la conexión, oración y alabanza. Y así comencé un ritual cada mañana pidiendo al Señor que abriera mis ojos para ver las necesidades de los demás y cómo podría mostrar el amor de Dios a alguien ese día.

Volví a ser voluntaria de Meals on Wheels (Alimentos sobre ruedas) en Carolina del Norte como lo había hecho en Texas y Mississippi. Hace poco le dije a una anciana encantadora en silla de ruedas que estaría fuera visitando a mi madre de 95 años. Con una agradable voz melódica me dijo: «Asegúrate de avisarme cuando te vayas, cariño, porque quiero darte 25 centavos. Puede que tengas hambre y necesites comprar unos panecillos». Besé su frente dulce y arrugada y sentí que había besado el rostro de Jesús.

Los años transcurridos desde la muerte de Bob han forjado una nueva capacidad para establecer conexiones entre mi propio corazón y el de los demás. Estoy aprendiendo a conectar cada vez más con la profundidad del amor de Dios y es mucho más profundo, amplio y extenso de lo que podría haber imaginado. Tiene un precio de «25 centavos».

**ORACIÓN:** *Dios misericordioso, sé que haces que todas las cosas sean buenas cuando el amor por ti modela mis pensamientos y acciones. Abre mis ojos para ver las conexiones que deseas que haga con mi prójimo. Amén.*

**PENSAMIENTO PARA EL DÍA:** ¿De qué manera tangible podemos ayudar a las demás personas hoy?

# EL MEJOR AMIGO
## Leer Ruth 1: 16 – 18 y Juan 15: 13 – 15

*«—¡No me pidas que te deje
y que me separe de ti!
Iré a donde tú vayas,
y viviré donde tú vivas».*

Ruth 1: 16

El libro de Rut ha sido uno de mis favoritos desde que tengo uso de razón. Rut, cuyo nombre significa apropiadamente «amistad», era una moabita que vivía en la época de los Jueces (entre 1250 y 1050 a.C.). Los moabitas, considerados mestizos y enemigos tradicionales de los israelitas, procedían de una zona al este del Mar Muerto. Noemí y su familia se trasladan allí desde Belén para escapar del hambre. Uno de los hijos de Noemí se casa con Rut pero muere joven, dejándola sin hijos. El amor de Rut por su suegra la lleva a aceptar las tradiciones y la religión de su pueblo de adopción y a regresar a Israel cuando Noemí enviuda. «Tu Dios es el mío», declara Rut, «sólo la muerte puede separarnos» (Rut 1:16-17, AP). Qué amistad tan extraordinaria: «hasta que la muerte nos separe».

Dios me ha bendecido con esa clase de amigo, uno que me ha amado y animado y que ahora solo está separado por la muerte. Es bueno recordar a mi marido y desear que el otro lado de la cama no esté vacío. Echo de menos su voz profunda para contarme chistes cursis seguidos de la expresión «¿lo entiendes?» y sus comentarios sobre lo que estábamos viendo en la televisión. Si me permito pensar demasiado tiempo en el dolor y las circunstancias más allá de mi control, podría llegar a estar triste y amargada. Sin embargo, estoy convencida de que Dios me creó para disfrutar de la vida, y Dios me regaló otro mejor amigo. Cada día se me invita a compartir mi vida con Jesús. Le dedico tiempo a esa relación a través de la oración, la escritura, el estudio, la comunión y la comunidad. Viviendo conscientemente en su presencia, puedo afrontar cualquier situación: placeres, decepciones, aventuras o dificultades que trae cada día. La realidad eterna impregna esta nave de amigos multidimensional y con los pies en la tierra. Caminar de la mano del Rey de reyes convierte la pena en alegría, las cenizas en belleza, el dolor en danza. Siento un deseo abrumador de expresar mi amor a mi Señor mediante la gratitud y la alabanza. Esta amistad nunca terminará; nunca nos separaremos, ni siquiera en la muerte.

**ORACIÓN:** *Qué amigo eres, querido Señor, y te doy las gracias por darme la vida y todas las bendiciones que disfruto cada día. Que mi gratitud cultive en mí un espíritu de amor para que otras personas puedan ver tu amor y tu gracia en acción, no solo en mi vida sino también en la suya. Amén.*

**PENSAMIENTO DEL DÍA:** Cristo nos llama a una esperanza nueva y a una vida nueva.

# RECUPERACIÓN
## Leer Filipenses 3: 12 – 14

*«Lo que sí hago es olvidarme de lo que queda atrás
y esforzarme por alcanzar lo que está delante,
para llegar a la meta y ganar el premio celestial que
Dios nos llama a recibir por medio de Cristo Jesús».*

Filipenses 3: 13 – 14

Anoche llegó un frente frío que puso fin temporalmente al agobiante calor del verano. Mi perra Molly y yo apreciamos el aire fresco durante nuestro paseo matutino. Me encanta estar en la ladera de una colina y mirar hacia abajo en nuestro camino, donde los rayos del sol naciente se filtran a través de la enramada superior frondosa. Siempre hacemos una pausa mientras recito en voz alta una de mis escrituras favoritas: «El amor del Señor no tiene fin, ni se han agotado sus bondades. Cada mañana se renuevan; ¡qué grande es su fidelidad!» (Lamentaciones 3:22-23). Incluso en los días tristes y difíciles, cuando vengo aquí y respiro profundamente, me acuerdo de los dones de amor, misericordia y gracia de Dios. No puedo reprimir las alabanzas agradecidas que brotan de mi alma.

Después del paseo refrescante, me serví una taza de café caliente y me dirigí a mi «silla de oración» para hacer mis meditaciones matutinas, las escrituras y escribir entradas en mi diario. Han pasado más de dos años desde la muerte de Bob. Empecé a reflexionar sobre el proceso de mi duelo y me di cuenta de que, con la ayuda de Dios y el amor de la familia y las amistades, había superado una época de dolor intenso y había aprendido a aceptar el dolor, la soledad y el cambio. Mi luto se convirtió en una parte natural de cada día, una especie de tributo o conmemoración a mi marido fallecido. Continué orando y dando saltos a través del tiempo hasta que me encontré haciendo un tributo aún mejor a Bob al amar la vida y a las demás personas más plenamente porque Bob me había amado y apreciado.

Anoche terminé de leer *The Gifts of Imperfection: Let Go of Who You Think You're Supposed to Be and Embrace Who You Are* (*Los dones de la imperfección: liberate de quien crees que deberías ser y abraza a quien realmente eres*) de Brené Brown, profesora de investigación y escritora cuyas conferencias sobre el valor, la vulnerabilidad, la valía y la vergüenza han sido vistas por millones de personas. En el capítulo titulado «*Cultivating a Resilient Spirit: Letting Go of Numbing and Powerlessness*» (*Cultivar un espíritu resiliente: liberate del entumecimiento y la impotencia*), la Dra. Brown analiza los datos obtenidos en miles de entrevistas. Descubre los factores que ayudan a las personas a afrontar el estrés y el trauma y les permiten avanzar en sus vidas, mientras que otras parecen atascadas e incapaces de encontrar el camino más allá del trauma para afrontar el reto y el cambio que este supuso. Muchas personas son incapaces de decir: «Esto duele, es difícil, pero puedo superarlo». La Dr. Brown escribe lo siguiente:

> «Según las personas que entrevisté, (...) las cosas que les hacían avanzar eran su espiritualidad sin excepción, la espiritualidad —la creencia en la conexión, en un poder superior al propio, y en las interconexiones basadas en el amor y la compasión— surgió como un componente de la resiliencia... La práctica de la espiritualidad es lo que trae la curación y crea resiliencia. Para mí, la espiritualidad consiste en la conexión con Dios».*

Como el apóstol Pablo, seguimos adelante porque escuchamos a Dios en la naturaleza, la música, la comunidad, las oraciones y las escrituras. Dios susurra: «Estoy a tu lado para bendecirte y ayudarte.

---

*Brené Brown, *Los dones de la imperfección: Let Go of Who You Think You're Supposed to Be and Embrace Who You Are* (Center City, Minnesota: Hazelden, 2010), 64, 74.

Repítelo una y otra vez hasta que empiece a resonar y tu corazón cante de alegría».

**ORACIÓN:** *Gracias, Padre Dios amoroso y generoso, por el don de la recuperación. Utilízame para ayudar a otras personas a encontrar valor y esperanza para seguir adelante en sus vidas. Amén.*

**PENSAMIENTO DEL DÍA:** La práctica de la espiritualidad crea resiliencia y aporta sanación.

# PALABRAS PODEROSAS
## Leer Isaías 43: 1- 4

*«No temas, que yo te he libertado;
yo te llamé por tu nombre, tú eres mío.
Si tienes que pasar por el agua,
yo estaré contigo... porque te aprecio,
eres de gran valor y yo te amo».*

Isaías 43: 1 -2, 4

A mediados de los años ochenta visité a mi hija, que por aquel entonces vivía en Arlington (Virginia). Hizo una reserva y me invitó a una visita a la Catedral Nacional del Monte San Albano en Washington D.C., seguida de un té en la torre. Fue un placer: me deleité con la exquisita arquitectura de arbotantes y bajantes fascinantes, vi el sol brillar a través de un rosetón glorioso, me arrodillé en la Capilla de los Niños, cené sabrosos pasteles, disfruté de unas vistas espectaculares de la capital de nuestro país y paseé con mi hija por espacios históricos y sagrados. Sí, todo un lujo.

Cuando entramos en la tienda de regalos, me llamó la atención un simple boceto a lápiz de la imagen de Jesús sosteniendo un corderito en su brazo de forma que se viera la muñeca perforada por los clavos. A lo largo de los años he comprado muchos ejemplares de este retrato humilde y reconfortante del Buen Pastor, obra de Katherine Brown, para entregarlos a personas que se encuentran en situaciones de crisis u hospicio. Transforma al instante el tablón aburrido de anuncios de un hospital y es un complemento atractivo para un centro de adoración infantil. Enmarqué un ejemplar y me tranquiliza cada vez que lo miro, especialmente en mis horas más oscuras de soledad. El Buen Pastor me llama por mi nombre y da su vida por sus ovejas (véase Juan 10:1-15). El Buen Pastor dejará a las 99 y buscará a la perdida hasta encontrarme (véase Lucas 15:3-7).

En el Salmo 23, a menudo conocido como el Salmo del Buen Pastor, encontramos más palabras poderosas de consuelo y seguridad bajo el cuidado de Dios. «Aunque pase por el valle más oscuro, no temo ningún mal, porque tú estás conmigo» (v. 4). Encontramos una hermosa imagen de Dios como pastor en Isaías 40,11: «Viene como un pastor que cuida su rebaño; levanta los corderos en sus brazos, los lleva junto al pecho y atiende con cuidado a las recién paridas». No tenemos que depender de nuestros cerebros del tamaño de un guisante y de nuestros pequeños corazones. La misericordia de Dios nos dará lo que necesitamos cada día, pase lo que pase. Cuando nos enfrentamos a tiempos difíciles, podemos aferrarnos a la esperanza. El duelo, las luchas financieras, los problemas de salud, lo que sea que nos duela el alma hoy, estará bien al final.

Hago esta última afirmación con confianza debido a las palabras poderosas que se encuentran en las Escrituras. A través de la Biblia, Dios susurra: «Si te pierdes, te encontraré. Significas tanto que dejaré a los noventa y nueve. Te conozco; te llamo por tu nombre. Te aprecio, eres de gran valor y yo te amo». El amor inquebrantable de Dios y su cuidado ilimitado me han impulsado a lo largo de mi peregrinaje en el dolor. Siempre echaré de menos a mi querido irlandés, pero su amor, el amor de Dios y el amor de la familia y mis amistades me han llenado a tope. Ahora espero con cariño derramar este amor en el mundo con palabras poderosas de seguridad, consuelo, afirmación y validación.

**ORACIÓN:** *Dios amoroso y generoso, fluye a través de mí para que el mundo conozca tu amor y viva con valentía en tu poder transformador. Amén.*

**PENSAMIENTO DEL DÍA:** El amor de Dios nos invita a amar más a todas las personas.

# HERIDA ABIERTA

## Leer Isaías 49: 13

*«¡Cielo, grita de alegría! ¡Tierra, llénate de gozo!*
*¡Montañas, lancen gritos de felicidad!*
*Porque el Señor ha consolado a su pueblo,*
*ha tenido compasión de él en su aflicción».*

Isaías 49: 13

Dos veces al mes mi iglesia ofrece la cena a personas sin hogar en un lugar llamado Urban Ministries (Ministerios urbanos) en el centro de Durham. Muchas iglesias y organizaciones se reúnen para apoyar a este lugar maravilloso que ofrece alojamiento, comidas, asesoramiento, varios programas de 12 pasos, culto de adoración, una despensa de alimentos y una tienda de ropa. Las personas miembros de la iglesia preguntaron si la gente quería un menú diferente al habitual, y la respuesta fue que no. Les gusta la lasaña con salsa de carne, la ensalada, el panecillo grande con mantequilla, el cóctel de frutas y la galleta grande. En todo caso, querrían más galletas.

Las puertas del comedor se abren a las 6:30 p.m. y se cierran a las 8:00 p.m. Un miércoles por la noche, el equipo se esforzó por atender a todas las personas en la línea. La gente seguía llegando, una tras otra; hombres, mujeres y niños agradecidos por recibir la comida gratis. El flujo no cesaba y empezamos a sacar panecillos de la despensa y a buscar pastelillos y cualquier cosa dulce para sustituir las galletas. Vimos con preocupación como nos quedaba la última ración de lasaña. Al igual que el milagro de los panes y los peces, de alguna manera todos se alimentaron. Nos limpiamos el sudor de la frente, nos quitamos los guantes de látex y dimos gracias al Dios que suple todas nuestras necesidades. Fue entonces cuando supimos que habíamos servido a 252 personas, un récord.

En una de nuestras noches menos ajetreadas, terminé mis tareas y salí al comedor para sentarme en una de las mesas con una madre joven y su hijo pequeño, un niño de pelo oscuro y rizado y grandes ojos marrones. El niño me echó una mirada y levantó los brazos para que le cargara. Se acurrucó cerca mientras yo me mecía suavemente de un lado a otro. Qué hospitalidad de espíritus teníamos el uno para el otro.

Intenté entablar una conversación con su madre y rápidamente me di cuenta de que tenía un impedimento en el habla. Los dos habían sido residentes durante tres meses mientras ella recibía formación laboral. Pero el empleo sería difícil con su problema de habla. Me pregunté si también tenía una deficiencia auditiva. El niño se quejó cuando llegó la hora de irse y se lo devolví a su madre. Hay una palabra alemana, *Christophel*, que significa «portador de Cristo». El amor se extendió: del niño a la abuela viuda y de la abuela al niño. Dimos y recibimos del uno al otro.

Durante el peregrinaje a través del duelo a veces nos encerramos adentro, y la vida se vuelve todo sobre nosotros mismos. En los últimos meses parece que he experimentado una transformación en la que mi corazón roto se abrió, y fui encontrada por la conexión con Dios que cura, consuela y nos empuja a salir de nosotros mismos. Cuanto más me involucro en actos amorosos de respeto y dignidad para mí y para los demás, más encuentros quiero. Siento que he llegado a una etapa de mi dolor en la que he empezado a cantar una canción de alegría. Al igual que los cielos, la tierra y las montañas cantan y se alegran; yo rompo a cantar una canción de gratitud y regocijo por todo lo que ha sido, es ahora y será. ¡Gracias a Dios!

**ORACIÓN:** *El clamor de mi corazón es conocerte, Señor, y servirte sirviendo a las demás personas. Gracias por tu gracia y tu amor que me acercan a ti y a mi prójimo. Amén.*

**PENSAMIENTO DEL DÍA:** Si vivimos para Cristo, nuestros corazones se abren de gratitud y alegría.

# EN LA CARRETERA
## Leer Lucas 24: 13 – 35

*«¿No es verdad que el corazón nos ardía en el pecho
cuando nos venía hablando por el camino
y nos explicaba las Escrituras?»*

Lucas 24: 32

Los dos discípulos que regresan a Emaús están tan absortos en sus decepciones y problemas, en sus esperanzas frustradas y en sus planes frustrados, que no reconocen que el hombre que se une a ellos y camina a su lado es Jesús. Éste les pregunta de qué hablan. Los discípulos explican su tristeza y confusión por la crucifixión y la tumba vacía de su maestro, Jesús. Los discípulos cuentan con él para rescatar a Israel de la ocupación romana, y creen que las profecías del Antiguo Testamento apuntan a un mesías militar y político. Cuando Jesús muere, pierden toda esperanza. Saben que la tumba está vacía, pero no entienden que Jesús haya resucitado; no pueden comprender que haya un Jesús vivo y que respire entre ellos.

Mientras Jesús y los discípulos caminan, Jesús responde a su desesperación reintroduciendo las profecías del Antiguo Testamento y la historia de la salvación. Más tarde, en la mesa con ellos, toma el pan, lo bendice, lo parte y se lo da. De repente, las vendas caen y los discípulos le reconocen. Jesús desaparece y entonces se preguntan unos a otros: «¿No es verdad que el corazón nos ardía en el pecho cuando nos venía hablando por el camino y nos explicaba las Escrituras?». Se apresuran a recorrer siete millas de vuelta a Jerusalén para contar a la gente la buena noticia de que Jesús está vivo. ¡Aleluya! Emmanuel: Dios con nosotros, Jesús con nosotros. ¡Ha resucitado! ¡Aleluya!

Han pasado dos años desde que comencé esta etapa de mi vida sin mi esposo, mi compañero, mi amor. Junto con los tramos de profunda tristeza y confusión, vi transiciones claras que me dieron esperanza. Después de los primeros seis meses de dolor intenso, mi dolor se suavizó. Tras el primer año de duelo, luché con la identidad. Me pregunté: *¿Quién soy ahora que ya no soy esposa y cuidadora? ¿Quién era antes del matrimonio? ¿Qué sueños tenía para mí? ¿Dónde me ha ofrecido Dios la felicidad en mi vida?* He respondido a algunas de estas preguntas, y otras se despliegan y me sorprenden mientras recorro el camino del dolor.

Incluso después de dos años, la odisea continúa. Camino bajo la lluvia, camino en la oscuridad, camino en la nieve y el hielo, camino en círculos, camino hacia atrás. La práctica de la oración diaria, la lectura de las Escrituras y la meditación me hacen seguir adelante incluso cuando tengo ampollas en los pies y ya no quiero caminar. Día tras día, mes tras mes, incluso cuando estoy totalmente confundida y en varias etapas de luto, he estado en el camino. Puede que me encuentre un poco cansada del recorrido, pero sé con absoluta certeza que nunca estoy sola. Mi Señor, mi firme compañero de viaje, camina conmigo y habla de cosas que hacen que mi corazón arda dentro de mí. Soy una peregrina más completa, más compasiva y humilde por la experiencia. Pero hay más cosas que aprender sobre el Otro Misterioso que nos colma de gracia y misericordia y está a nuestro lado en el camino, un recorrido que es bendito, sorprendente y nuevo cada mañana.

**ORACIÓN:** *Dios todopoderoso, Padre, Hijo y Espíritu Santo: mi corazón rebosa de gratitud por el peregrinaje y la conversación en el camino contigo. Que cada día entre en tu presencia y aprenda de tu ilimitado amor por mí. Que luego pueda compartir la buena noticia con otros peregrinos en el camino. Amén.*

**PENSAMIENTO DEL DÍA:** Dios nos acompaña en el camino; nunca estamos a solas.

# ACERCA DE LA AUTORA

Nell Noonan es autora de *Not Alone: Encouragement for Caregivers* (*No a solas: Estímulo para las personas cuidadoras*) y *The Struggles of Caregiving: 28 Days of Prayer* (*Las luchas de las personas cuidadoras: 28 días de oración*). Nell sirvió en el ministerio educativo de la iglesia durante más de 30 años y también trabajó en bibliotecas públicas, escolares y universitarias. Tiene dos maestrías: una en educación religiosa y otra en biblioteconomía. También tiene un Doctorado en Estudios Bíblicos.

# LA ORACIÓN DE UNA VIUDA

ENCONTRAR
LA GRACIA DE DIOS
EN LOS DÍAS VENIDEROS

NELL E. NOONAN